Code De Droit Canonique

Canon 66 " L'économie chrétienne, par conséquent, puisque c'est l'Alliance nouvelle et définitive, ne passera jamais; et aucune nouvelle révélation publique doit être prévu avant la manifestation glorieuse de notre Seigneur Jésus Christ." Pourtant même si la révélation est achevée, elle n'est pas faite complètement explicite; Il restera à la foi Chrétienne d'en saisir graduellement toute la portée au cours des siècles.

Canon 67 Au cours des âges, il y a eu des soi-disant révélations 'privées', dont certaines ont été reconnues par l'autorité de l'église. Ils n'appartiennent pas, cependant, pour le dépôt de la foi. Leur rôle n'est pas d'améliorer ou compléter la révélation définitive du Christ, mais pour aider à vivre plus pleinement qu'elle à une certaine période de l'histoire. Guidé par le Magistère de l'église, le sensusfidelium sait discerner et accueillir dans ces révélations, tout ce qui constitue un appel authentique du Christ ou de ses saints à l'église.

La foi chrétienne ne peut pas accepter des « révélations » que la revendication de surpasser ou corriger la révélation dont Christ est la réalisation, comme c'est le cas dans certaines religions non-chrétiennes et aussi dans certaines sectes récentes qui se basent sur ces « révélations ».

La Pleine de Grâce:
Les Premières Années
Le Mérite
La Passion de Joseph
L'Ange Bleu
L'Enfance de Jésus

Suivez-Moi:
Trésor aux 7 Noms
Là où il y a des épines, Il y aura aussi des Roses
Pour l'Amour qui Persevere
Le Décalogue

Les Chroniques de Jésus et Judas Iscariote:
Je vous vois tels que vous êtes
Ceux qui sont Marqués
Jésus Pleure

Lazare:
Cette Belle Fille Blonde
Les Fleurs Du Bien

Clauda Procula:
Aimez-vous le Nazaréen?
Le Caprice des Moeurs de la Cour

Principes Chrétiens:
De La Réincarnation

Marie de Magdala:
Ah! Mon Aimée! Je T'ai Rejointe Enfin!

Lamb Books

Adaptations illustrées pour toute la famille

LAMB BOOKS

Publié par le Lamb Books, 2 Dalkeith Court, 45 Vincent Street, London
SW1P 4HH;
Royaume-Uni, USA, FR, IT, SP, PT, DE

www.lambbooks.org

D'abord publié par Lamb Books 2013
Cette édition
001
Texte copyright @ Lamb Books Nominee 2013
Illustrations copyright @ Lamb Books, 2013
Le droit moral de l'auteur et l'illustrateur a été affirmé
Tous droits réservés
L'auteur et l'éditeur sont reconnaissants envers le Centro Editoriale
Valtoriano en Italie pour avoir permis de citer le Poème de l'Homme-Dieu
de Maria Valtorta, par Valtorta Publishing

Situé dans le style Bookman Old Style R

Imprimé en Grande-Bretagne par CPI Group (UK) Ltd, Croydon, CR0, 4YY

Sauf aux États-Unis, ce livre est vendu à la condition qu'il ne doit pas, par voie de commerce ou autrement, être prêté, revendu, loué ou autrement distribué sans le consentement préalable de l'éditeur, sous quelque forme que de la liaison ou de couvrir d'autres que celui dans lequel il est publié et sans condition similaire, y compris cette condition étant imposée à l'acquéreur subséquent

Suivez-Moi

Trésor Aux 7 Noms

LAMBBOOKS

Remerciements

Le contenu de ce livre est une adaptation de la Ville Mystique de Dieu, par sœur Marie de Jésus d'Agreda, qui a reçu l'Imprimatur en 1949 et aussi du Poème de l'Homme Dieu (L'Evangile Tel Qu'il M'a Eté Révélé'), d'abord approuvée par le Pape Pie XII en 1948, lorsque lors d'une réunion le 26 Février 1948, vérifié par trois autres prêtres, il a ordonné aux trois prêtres présents de 'publier ce travail tel quel '. En 1994, le Vatican a tenu compte des appels des chrétiens du monde entier et a commencé à examiner le cas pour la canonisation de Maria Valtorta (Little John).

Le Poème de l'Homme-Dieu a été décrit par le confesseur du pape Pie XII comme 'édifiant '. Les révélations mystiques ont longtemps été la province des prêtres et des religieux. Maintenant, elles sont accessibles à tous. Que tous ceux qui lisent cette adaptation la trouve aussi édifiante. Et puisse, grâce à cette lumière, la foi être renouvelée. Merci tout particulier au Centro Editoriale Valtortiano en Italie pour nous avoir donné la permission de citer le Poème de l'Homme-Dieu de Maria Valtorta, surnommée Little John.

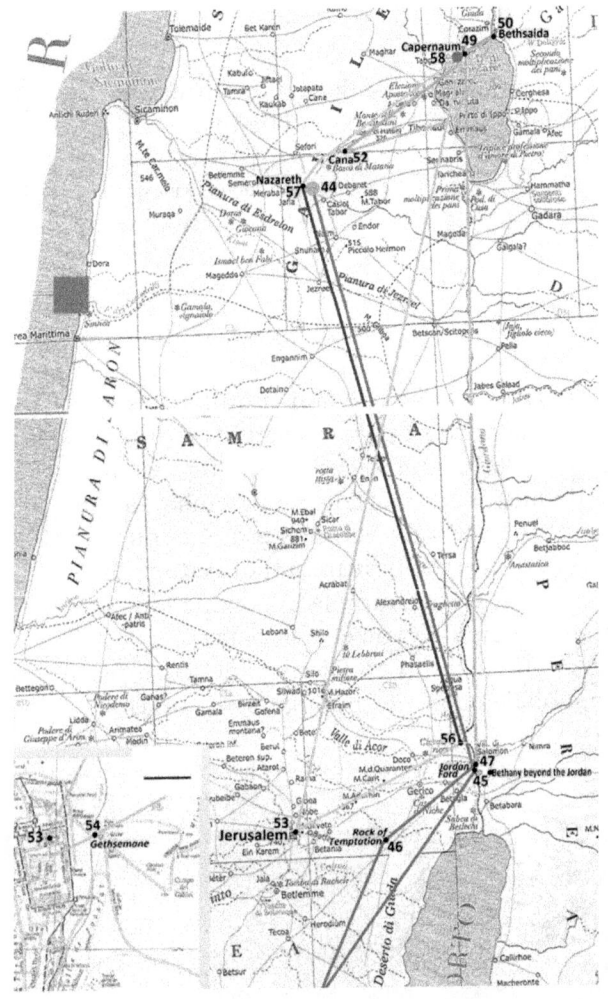

"Reçois ton fils Unique, imite et seconde le; et souviens toi, que tu devras le sacrifier quand je l'exigerai de toi"

La Sainte Trinité à la Vierge Marie à la grotte de la Nativité. -la Cité Mystique de Dieu
par la Vénérable Marie de Jésus d'Agreda

"... Avec beaucoup de livres traitant de Moi et qui, après tant de révisions, modifications et parures sont devenus irréels, je veux donner à ceux qui croient en Moi une vision ramenée à la vérité de mes jours mortels. Je ne suis pas diminué ainsi, au contraire, je suis fait plus grand dans mon humilité, qui devient une nourriture importante pour vous, pour vous apprendre à être humble et comme moi, quand j'étais un homme comme vous et dans ma vie humaine, je portais la perfection d'un Dieu. Je devais être votre Modèle, et les modèles doivent toujours être parfaits."

Jésus, le 9 février 1944 - Poème de l'homme-Dieu

La Mort de Joseph	10
Adieu à sa Mère et Départ de Nazareth	26
Jésus est Baptisé dans le Jourdain	41
Jésus est Tenté dans le Désert par le Diable	48
Jésus Rencontre Jean et James	64
Jean et Jacques Parlent à Pierre du Messie	70
Première Rencontre entre Pierre et le Messie	79
Jésus Rencontre Philippe et Nathanaël	95
Judas Thaddeus à Bethsaïde Invite Jésus aux Noces de Cana	112

La Mort De Joseph

Extrait de ' La Ville Mystique de Dieu'
Par Vénérable Marie de Jésus d'Agreda.

Pendant les huit dernières années, Joseph était infirme et souffrant d'arthrite, temps au cours duquel son âme a été purifiée dans le creuset de l'amour divin. Alors le temps passait, sa force diminuait et l'attention portée par son conjoint augmenta au fur et à mesure. Quand Marie, dans sa sagesse exaltée, croyait que la fin était proche, elle sollicita Son Fils au nom de Joseph :

'Seigneur Dieu très-haut, fils du Père éternel et Sauveur du monde, de par ta divine lumière je vois approcher l'heure que tu as décrétée pour la mort de ton serviteur Joseph. Je te supplie, par ton ancienne miséricorde et infinie générosité, de l'aider à cette heure par ton pouvoir tout-puissant. Laisse sa mort être aussi précieuse à tes yeux que la droiture de sa vie t'était agréable, de sorte qu'il puisse partir en paix et dans l'espoir que la récompense éternelle lui soit donnée le jour où tu ouvriras les portes du paradis pour tous les fidèles. Gardes à l'esprit, mon fils, l'humilité et l'amour de ton serviteur ; ses plus grands mérites et vertus ; la fidélité et la sollicitude par lesquelles cet homme juste nous a aidé toi et moi, ton humble servante, à la sueur de son front '

"Mère, ta demande m'est agréable, et les mérites de Joseph sont acceptables à mes yeux. Je vais maintenant l'aider et lui assignerai une place parmi les princes de mon peuple si élevée qu'il sera l'admiration des anges et les causera ainsi que tous les hommes à se précipitez dans les plus hautes louanges. Avec aucun des nés hommes je ne ferai comme avec ton conjoint."

Marie remercie son fils de cette promesse.

Pendant neuf jours et nuits avant sa mort, Joseph apprécie la compagnie ininterrompue et l'attention de Marie ou de Jésus. Trois fois pendant chacun des neuf jours, les anges divertissent Joseph avec de la musique céleste, mélangeant des hymnes de louange avec des bénédictions. Pendant ce temps, leur maison est parfumée avec un parfum doux si merveilleux qu'il réconforte Joseph et tonifie tous ceux qui viennent près de la maison.

Afin que sa mort soit plus le triomphe de son amour que les effets du péché originel, Jésus suspend l'aide miraculeuse qui a permis à Joseph de résister à la force de son amour au cours de sa durée de vie, permettant ainsi à son âme de rompre les liens qui la tenait au sein de son corps mortel. Ainsi, la véritable cause du décès de Joseph est un amour excessif.

Un jour avant sa mort, Joseph se glisse dans une

extase qui dure vingt-quatre heures, pendant lequel il voit clairement l'Essence divine et voit aussi tout ce qu'il avait cru par la foi, y compris les mystères de l'Incarnation et de la Rédemption et l'Eglise avec ses Sacrements. Il est ordonné et assigné Messager du Christ pour les saints patriarches dans les limbes, pour les préparer à leur libération dans le paradis.

Tout cela, Marie le voit reflétée dans l'âme de son fils et elle offre ses plus sincères remerciements au Tout-Puissant.

Quand Joseph se remet de l'extase, son visage brille d'un éclat merveilleux reflétant son âme maintenant transformée par sa vision de l'essence de Dieu. Il demande à Marie sa bénédiction, mais elle va à son divin fils pour qu'il le bénisse à sa place.

Maintenant, à l'âge de soixante ans, après avoir été l'époux de Marie, mère du verbe incarné pendant vingt-sept ans, le moment de la mort de Joseph est arrivé lorsque Marie à quarante et un ans et demi (bien qu'elle n'en semble jamais plus de trente-trois) et Jésus a vingt-six ans et demi.

Fin de l'extrait.

Jésus travaille dans l'atelier du charpentier, où les murs sud et est sont construits en roche plâtrée creusés dans des grottes naturelles dans les montagnes rocheuses, qui constituent aussi ses murs nordiques et ouest.

Un petit pot de colle est posé sur un foyer au bois rustique dans le renfoncement de la roche, tellement noirci par la fumée depuis les nombreuses années que l'on dirait qu'il est recouvert de goudron. Il y a un trou dans le mur, recouvert d'une grande tuile et qui sert de cheminée pour faire sortir la fumée mais elle doit très mal fonctionner parce que les autres murs sont également noircis par la fumée, et même maintenant, le petit atelier est empli d'un brouillard enfumé.

Jésus, maintenant un homme, travaille sur grand banc de menuiserie, rabotant des planches qu'il appuie ensuite contre le mur derrière lui. Il libère un tabouret tenu sur deux côtés par un étau et l'examine soigneusement sous tous les angles, vérifiant qu'il est parfait. Puis il va à la cheminée, prend le petit pot et remue son contenu avec une petite brosse qui se termine comme un petit bâton.

Sa tunique est assez courte, de couleur noisette foncé, avec les manches retroussées sur ses coudes. Il a un tablier d'ouvrier sur sa tunique, qu'il utilise pour essuyer ses doigts après avoir touché le pot.

Il est seul, travaillant avec diligence, mais pacifiquement, ses mouvements doux et patients, alors qu'il aplanit un nœud résistant dans le bois. Un tournevis tombe sur le banc de travail deux fois et il le ramasse patiemment. Et il n'est pas dérangé par la fumée dans la petite pièce, qui doit irriter ses yeux.

De temps en temps, il soulève sa tête et regarde la porte fermée du mur sud qui conduit dans la petite pièce qui donne sur le jardin de la cuisine ; Il regarde

et il écoute.
Une fois, il ouvre la porte du mur oriental qui donne sur la route poussiéreuse et il regarde à l'extérieur comme quelqu'un qui attend quelqu'un d'autre puis revient à son travail, pas triste mais très grave.

Il travaille sur une partie d'une roue quand Marie entre par la porte sud, tête nue et vêtue d'une simple tunique bleue foncé nouée à la taille avec un cordon de même couleur. Elle se précipite vers Jésus, l'inquiétude marquant son visage d'ange bleu, des larmes brillant dans ses yeux rougis et fatigués et plaçant les deux mains sur ses bras dans une attitude de prière et de tristesse, elle dit en tremblant des lèvres :
' Oh ! Jésus ! Viens, viens. Il est très malade! '

' Maman! ' Répond-il simplement et en un seul mot, il exprime beaucoup, alors qu'il passe son bras par-dessus son épaule, la caresse et la réconforte.
Puis quittant son travail, il enlève son tablier et sort avec elle à travers la porte Sud et dans la pièce voisine, remplie de lumière qui rentre depuis le potager, qui regorge également de lumière et de vert, et où il n'y a des colombes voletant autour des vêtements suspendus pour sécher dans le vent soufflant.

La chambre est pauvre mais bien rangée. Sur un lit bas recouvert de petits matelas, se trouve Joseph, s'appuyant sur des coussins. La pâleur livide de son visage, l'atonie de ses yeux, sa poitrine haletant et la relaxation totale de son corps disent tous qu'il est mourant.

Debout à la gauche de Joseph, Marie prend sa main, ridée maintenant près de ses ongles et la frotte, la caresse et l'embrasse. Puis, avec un petit morceau de tissu, elle sèche les lignes de sueur luisantes sur ses tempes et efface une larme vitreuse dans le coin de l'œil. Puis, elle plonge un autre morceau de linge dans un liquide qui ressemble à du vin et humidifie ses lèvres avec.

Du côté droit de Joseph, Jésus repositionne rapidement et soigneusement le corps tombant de Joseph dans les coussins, les ajustant avec l'aide de Marie. Ensuite, il caresse le front du mourant et essaye de l'encourager.

De grosses larmes, comme des saphirs lumineux, roulent silencieusement sur les joues pâles de Marie et sur sa robe bleu foncé alors qu'elle pleure en silence.

Récupérer un peu, Joseph lève les yeux sur Jésus, prend sa main comme s'il voulait dire quelque chose et pour recevoir de la force de son divin Fils pour cette dernière épreuve. Jésus se penche sur la main et l'embrasse, faisant sourire Joseph.
Puis se tournant et cherchant des yeux, Joseph recherche Marie et lui sourit aussi. Marie essaye de sourire en retour à Joseph de sa position à genoux à son chevet, ne réussit pas et au lieu de cela incline la tête. Joseph pose sa main sur sa tête inclinée dans une caresse chaste qui ressemble à une bénédiction.

Tout autour d'eux est silence sauf pour les battements et le roucoulement des colombes, le bruissement des feuilles et le ruissellement de l'eau à l'extérieur... et la respiration du mourant dans la chambre.

Jésus fait le tour du lit, prend un tabouret et fait s'asseoir Marie dessus, une fois de plus disant simplement 'Mère ' !

Puis il revient à sa place, prend la main de Joseph dans la sienne et se penchant sur le mourant, il lui murmure ce Psaume :

' Occupes-toi de moi, o Seigneur, parce que j'ai espéré en toi...

En faveur de ses amis qui vivent sur sa terre

Il a accompli tous mes vœux d'une manière merveilleuse...

Je bénirai le Seigneur qui est mon conseiller...

Le Seigneur est toujours devant moi.

Il est sur mon côté droit afin que je ne puisse pas tomber.

C'est pourquoi mon cœur exulte et ma langue se réjouit

et aussi mon corps reposera dans l'espérance.

Parce que tu n'abandonneras pas mon âme

dans la demeure des morts,

ni ne permettras tu à ton ami de voir la corruption.

Tu me révèleras le chemin de la lumière

et me remplira de joie en me montrant ton visage '

Se réjouissant un peu, Joseph regarde son fils adoptif, lui donne un sourire vivant et appuie sur ses doigts. Jésus répond avec un sourire et une caresse. Et toujours penché sur son père adoptif, il poursuit doucement :

' Comment j'aime tes Tabernacles, ô Seigneur.

Mon âme languit et désire les tribunaux de l'Éternel.

Aussi le moineau a trouvé un foyer

et la petite colombe un nid pour son petit.

Je languis tes autels, Seigneur.

Heureux ceux qui vivent dans ta maison...

heureux l'homme qui trouve sa force en toi.

Il a inspiré dans son cœur les ascensions

de la vallée des larmes jusqu'à l'endroit choisi.

O Seigneur écoute ma prière...

O Dieu, tournes tes yeux et regardes le visage de ton oint..."

Joseph sanglote, regarde Jésus et s'efforce de parler comme pour le bénir, mais il ne peut pas. Il est clair qu'il comprend mais qu'il est incapable de parler. Mais il est heureux et regarde son Jésus avec vivacité et confiance. Jésus poursuit :

' Oh ! *Seigneur, tu as favorisé ton propre pays,*

Tu as ramené les captifs de Jacob...

Montre-nous, Seigneur, ta miséricorde et ramènes nous notre Sauveur.

Je veux écouter ce que le Seigneur me dit.

Il parlera certainement de paix à son peuple,

pour ses amis et pour ceux qui lui convertissent leur cœur.

Oui, son aide salvatrice est proche...

et la gloire vivra dans notre pays.

L'amour et la loyauté se sont maintenant rencontrés,

La justice et la paix ont maintenant adopté.

La loyauté pousse depuis la terre

et la justice descend du paradis.

Oui, le Seigneur lui-même accorde bonheur et notre sol donne sa récolte.

La justice le précédera toujours et laissera ses empreintes sur le chemin. "

' Tu as vu cette heure-là, père, et tu as travaillé pour cela... ' Dit Jésus '... Tu as coopéré dans la formation de cette heure, et le Seigneur te récompensera pour cela. Je te le dis. ' Et Jésus efface une larme de joie qui coule lentement sur la joue Joseph.

Puis il reprend :

' Ô Seigneur, souviens-toi de David et de toute sa gentillesse.

Comment il a juré à l'Éternel : je ne vais pas entrer chez moi,

Ni monter dans le lit de mon repos, ni permettre à mes yeux de dormir,

ni donner de repos à mes paupières, ni de paix à mes temples

jusqu'à ce que j'ai trouvé une place pour le Seigneur, un foyer pour le Dieu de Jacob...

Elèves-toi, o Seigneur et viens à ton lieu de repos,

Toi et ton arche de sainteté... '

Marie comprend et éclate en sanglots.

Puissent tes prêtres conférer en vertu et tes dévots crier de joie.

Pour l'amour de ton serviteur David,

ne nous prive pas de la face de ton oint.

L'Éternel a juré à David et restera fidèle à sa parole :

'Je mettrai sur ton trône le fruit de tes entrailles '.

Le Seigneur a choisi sa maison...

Je ferai germer une corne pour David,

Je vais tailler une lampe pour mon oint."

"Merci mon père en mon nom et au nom de ma mère. Tu as été un père juste pour moi et le Père Éternel t'a choisi en tant que gardien de son Christ et de son arche. Tu as été la lampe taillée pour lui et pour le fruit des Saintes entrailles, tu as eu un cœur aimant. Va en paix, père. Ta veuve ne sera pas sans défense. Dieu a prévu qu'elle ne doit pas être seule. Vas paisiblement à ton repos, je te dis "dit Jésus.

Marie pleure avec son visage enfoui dans les manteaux qui servent de couvertures, étendus sur le corps de Joseph, maintenant de plus en plus froid. Il respire maintenant avec difficulté et Jésus s'empresse de le consoler, alors que ses yeux deviennent faibles une fois de plus.

"Heureux l'homme qui craint le Seigneur
et joyeusement garde ses commandements...
Sa justice va durer éternellement.

Pour les justes il brille comme une lampe dans l'obscurité,

Il est Miséricordieux, tendre, vertueux...

L'homme juste se souviendra pour toujours.

Sa justice est éternelle, et sa puissance va s'élever et devenir une gloire..."

'Toi, père, auras cette gloire. Je viendrai bientôt et t'amener, avec les patriarches qui sont passés avant toi, à la gloire qui t'attend. Puisse ton esprit se réjouir dans ma parole. '

"Qui vit à l'abri du très-haut,

vit sous la protection du Dieu du ciel".

Tu vis là, ô Père.

"Il m'a sauvé des pièges des suivants et de paroles rugueuses.

Il te couvrira de ses ailes et sous ses plumes, tu trouveras refuge.

Sa vérité te protègera comme un bouclier et tu ne dois pas craindre les terreurs de la nuit...

Aucun mal ne s'approchera de toi parce que

Il ordonne à ses anges pour te protéger partout où tu vas.

Ils t'aideront de leurs mains

afin que tu ne te fasses pas mal aux pieds contre des pierres.

Tu vas marcher sur les lions et les vipères,

tu vas piétiner des lions sauvages et des dragons.

Parce que tu as espéré dans le Seigneur,

Il te dit, ô Père, qu'il va te libérer et te protéger.

Parce que tu as levé ta voix vers lui, il t'entendra,

Il sera avec toi dans ta dernière affliction,

Il te glorifiera après cette vie,

te montrant même maintenant son salut. '

'Et dans la vie à venir, il te laissera entrer, à cause du Sauveur, qui te réconforte maintenant et qui, très bientôt, oh ! Je le répète, il viendra très bientôt et te tiendra dans son embrassade divine et t'emmènera, à la tête de tous les patriarches, là où le lieu d'habitation a été préparé pour l'homme juste de Dieu qui était mon père béni. '

Alors que Joseph s'enfonce dans les brumes de la mort, Jésus hausse sa voix pour atteindre le cœur de Joseph, dont la fin est imminente, sa respiration désormais douloureuse et haletante, tandis que Marie le caresse.

"Vas avant moi et dis aux patriarches que le Sauveur est dans le monde et le Royaume des cieux leur sera bientôt ouvert. Va, père, puisse ma bénédiction t'accompagner. '

Assis sur le bord du lit peu, Jésus embrasse et attire à lui le mourant, qui s'effondre et meurt paisiblement.

Il y a une paix solennelle dans la petite chambre. Jésus repose le patriarche et embrasse Marie, qui, au dernier moment, le cœur brisé, était venue près de Jésus.

Extrait de ' La Ville Mystique de Dieu'
Par Vénérable Marie de Jésus d'Agreda.

Marie souffre amèrement la perte du conjoint qu'elle aimait profondément, à qui elle avait consacré vingt-sept ans de vie fidèle et qui, pour elle, avait été un père, un conjoint, un frère, un ami et un protecteur.

Maintenant, solitaire comme une bouture de vigne lorsque l'arbre auquel elle est liée est coupé, c'est comme si sa maison avait été frappée par le tonnerre et la foudre. Une fois une unité dans laquelle les membres se soutenaient l'un l'autre, maintenant, son mur principal est manquant, un premier coup à la famille et un signe du départ imminent de son bien-aimé.

Une fois de plus, la volonté du Père éternel s'impose à son veuvage, exigeant la séparation d'avec sa créature. Et dans la même petite maison de Nazareth où vingt-sept ans auparavant, elle était devenue épouse et mère, en larmes, elle donne la même réponse sublime :

' Oui. Oui, Seigneur, qu'il se m'arrive ce que dit ta parole. '
Pour la force de donner cette réponse, Marie s'était rapprochée de Jésus dans les derniers instants de la vie de Joseph, afin qu'elle puisse toujours être unie à Dieu dans les pires heures de sa vie : comme elle était dans le Temple, lorsqu'on lui a demandé d'épouser Joseph, à Nazareth lorsqu'elle a été appelée à la maternité, maintenant encore une fois à Nazareth versant les larmes d'une veuve, et dans un moment, une fois de plus à Nazareth, dans la terrible séparation d'avec son fils, car elle sera sur le Calvaire, le regardant impuissante se faire torturer et ensuite le voyant mourir.

Adieu A Sa Mère Et Départ De Nazareth

Extrait de ' La Ville Mystique de Dieu'
Par Vénérable Marie de Jésus d'Agreda.

Comme il est impossible pour l'homme ou les anges de mesurer l'amour de Marie pour son fils, nous avons recours à ses actions mais aussi ses joies et ses peines comme norme par laquelle nous mesurons cet amour.

Car elle aime Jésus comme le fils du Père éternel égal à lui en substance et dans tous les attributs divins et toutes les perfections. Elle l'aime comme son fils naturel dans la mesure où il est homme formé de sa propre chair et de son propre sang. Elle l'aime, parce qu'en tant qu'homme, il est le saint de tous les Saints et la cause de toute sainteté. Elle l'aime parce qu'il est le plus beau parmi les fils des hommes, le fils plus respectueux de sa mère et son plus magnifique Champion puisque c'est son état de fils qui l'a élevée à la plus haute dignité possible parmi les créatures et l'a élevée par-dessus tout avec les trésors de sa divinité, l'a ornée de domination sur toute la création ainsi qu'avec des faveurs, des bénédictions et des grâces comme jamais avant ou depuis conféré à un autre être.

Elle comprend parfaitement et est reconnaissante

pour tous ces motifs de son amour, avec beaucoup d'autres qui seulement son amour supérieur peut apprécier. Dans son cœur, il n'y a aucun obstacle ou limitation à l'amour car il est grandement innocent et pur ; Elle est reconnaissante parce que son humilité profonde l'exhorte à une conformité plus fidèle, elle n'est pas imprudente car elle est pleine de grâce et d'enthousiasme pour servir en toute conscience. Elle n'oublie pas non plus car sa mémoire fidèle est constamment fixée sur les bénédictions reçues, les raisons et la doctrine du plus profond amour. Elle se déplace dans la sphère de l'amour divin lui-même depuis qu'elle vit en sa présence visible, fréquente l'école de l'amour divin de son fils, le copiant en tout dans sa compagnie.

Rien n'est désireux pour cette personne hors pair parmi les amateurs d'amour divertissant sans limitation dans la mesure ou la manière ; Cette magnifique lune, maintenant à sa plénitude et à la recherche dans ce soleil de justice qui s'est élevé comme une aurore divine de plus en plus haut et est maintenant à sa splendeur du midi avec la plus claire des lumières de grâce. Cette lune, Marie, détachée de toutes les créatures matérielles et entièrement transformée par la lumière de ce soleil, ayant connu pour sa part, tous les effets de son amour réciproque, de ses faveurs et cadeaux. Dans ce faîte de sa Béatitude, à un moment où la perte de toutes ces bénédictions dans son fils le rende plus douloureux, elle entend la voix du Père éternel appelant comme une fois il a appelé Abraham et exigeant son bien-aimé Isaac, le dépôt de tout son amour et espoir.

Marie était consciente que l'heure de son sacrifice

était proche car que Jésus a déjà atteint la trentaine et le temps et le lieu pour satisfaire à la dette qu'il a assumée est à portée de main. Mais dans la pleine possession du Trésor qui est tout son bonheur, Marie continue de considérer sa perte comme lointaine. Malgré cela, l'heure est maintenant sur elle et elle devient enveloppée dans une vision, est placée en présence du trône de la Sainte Trinité et il en sort une voix d'une puissance merveilleuse qui dit:

'Marie, ma fille et conjointe, offres-moi ton fils Unique en sacrifice. '

Par la puissance vivante de ces mots, elle reçoit la lumière, l'intelligence et la compréhension de la volonté du tout-puissant et du décret de la rédemption de l'homme par le biais de la Passion et de la mort de son fils, ensemble avec tout ce qui se passera à l'avenir dans son prêche et sa vie publique. Car cette connaissance est renouvelée et perfectionnée en elle, elle sent son âme accablée par des sentiments d'assujettissement, d'humilité, d'amour de Dieu et de l'homme, de compassion et de tendre tristesse pour tout ce que son fils va souffrir.

Mais avec un cœur inébranlable et charitable, elle donne réponse au tout-puissant :

"Roi éternel et Dieu tout-puissant de sagesse et de bonté infinies, tout ce qui a été à l'extérieur de toi existe uniquement pour ta miséricorde et ta grandeur, et tu es le non diminué Seigneur de tous. Pourquoi alors, me commandes-tu à moi, un vermisseau insignifiant de la terre, de sacrifier et offrir à ta volonté le fils que ta condescendance m'a donné?...

Il est à toi, Père Éternel, puisque de toute éternité avant l'étoile du matin tu lui as donné naissance et tu l'a et l'aura à travers toute l'éternité et si je l'ai vêtu sous la forme de serviteur dans mon ventre et avec mon propre sang, et si j'ai nourri son humanité par ma poitrine et l'ai administré comme une mère: cette très Sainte humanité est également ta propriété, et je le suis aussi, puisque que j'ai reçu de toi tout ce que je suis et que je pouvais lui donner...

Que pourrais-je t'offrir alors, qui n'est pas plus tien que mien?...

Je l'avoue, roi très-haut, que ta magnificence et bienfaisance sont tellement libéraux dans le don généreux à tes créatures de tes trésors infinis, que, afin de te lier à eux, tu souhaites recevoir de leur part comme un cadeau gratuit, même ton propres fils Unique, celui que tu as amené à être ta propre substance *et la lumière de ta divinité. Avec lui sont venu à moi toutes les bénédictions ensemble, et de ses mains, j'ai reçu d'immenses dons et grâces ; Il est la vertu de ma vertu, la Substance de mon esprit, la vie de mon âme et l'âme de ma vie, la subsistance de toute ma joie de vivre. Ce serait un doux sacrifice, en effet, de le remettre à toi seul qui connaît sa valeur ; mais de le remettre pour la satisfaction de ta justice entre les mains de ses ennemis cruels au détriment de sa vie, plus précieuse que toutes les œuvres de la création ; en effet, très-haut Seigneur, voilà un grand sacrifice que tu demandes de sa mère...*

Toutefois que non pas ma volonté mais ta volonté se fasse. Laissons ainsi la liberté de l'humanité être achetée; Laissons votre justice et équité se satisfaire ; Laissons ton amour infini se manifester ; que ton nom soit connu et amplifié devant toutes les créatures...

Je le remets entre tes mains devant toutes les créatures. Je remets entre tes mains mon bien-aimé Isaac, qu'il puisse être vraiment sacrifié ;... Je t'offre mon fils, le Fruit de mes entrailles, afin que, conformément au décret immuable de ta volonté, il puisse payer la dette contractée, non par sa faute, mais par les enfants d'Adam et de manière à ce que, à son décès, il puisse accomplir tout ce que tes saints prophètes, inspiré par toi, ont écrit et prédit. '

Cela, le plus grand et le plus acceptable des sacrifices qui n'ait jamais été, ou ne sera jamais fait au Père éternel depuis le début de la création jusqu'à sa fin, à l'exception de ceux qui peuvent être effectués par son propre fils, le Rédempteur ; et est plus intimement liée avec et semblable à celui qu'il offrira.

Si le plus grand des dons est d'offrir sa vie pour l'être aimé, alors sans aucun doute, la charité de Marie dépasse de loin ce plus haut degré d'amour envers les hommes parce qu'elle aime son fils beaucoup plus que sa propre vie. Comme Christ a dit à Nicodème (Jean 15, 7): alors Dieu a aimé le monde qu'il a donné à son fils unique afin qu'aucun de ceux qui ont cru en lui ne périssent, et c'est en proportion avec Marie, mère de miséricorde, qui aime l'humanité tellement qu'elle donne son fils unique pour son salut. Et si son sacrifice n'avait pas été donné de cette manière lorsqu'il lui a été demandé, le salut des hommes n'aurait pas été exécuté car ce décret devait être satisfait à la condition que la mère coïncide avec celui du Père éternel. Telle est l'obligation que les enfants d'Adam ont envers Marie.

Après avoir accepté le sacrifice de Marie, Dieu la réconforte avec le pain qui donne vie de la compréhension céleste, afin qu'avec un courage invincible, elle puisse aider le verbe incarné dans l'œuvre de la rédemption comme co-rédemptrice. Par conséquent, toujours dans la même vision, Marie est élevée dans une extase plus exaltée dans laquelle par la claire lumière de l'essence de Dieu, elle comprend le désir de Dieu de communiquer ses trésors à l'humanité à travers les œuvres du verbe incarné et voit les gloires que ces travaux apporteront au nom de Dieu. Cette connaissance remplit tellement son âme de jubilation qu'elle renouvelle le don de son divin fils au père.

Quand elle se remet de cette vision, par ses effets et la force reçue à travers elle, elle est maintenant prête à se séparer de son divin Fils, qui, pour sa part, s'y est déjà résolu lors de son baptême et son jeûne dans le désert.

Il appelle sa mère et lui parle avec amour et en compassion disant :
"Ma mère, mon existence en tant qu'homme que j'ai dérivé entièrement de ta substance et de ton sang, dont j'ai pris la forme d'un serviteur dans ton sein virginal. Tu m'as également soigné à ton sein et as pris soin de moi par ton travail et ta sueur. Pour cette raison, je me considère plus ton fils que n'importe quel autre n'ait jamais reconnu ou ne reconnaîtra jamais être le fils de sa mère. Donnes-moi ton autorisation et ton consentement pour l'accomplissement de la volonté de mon Père éternel. Déjà le moment est arrivé, où je dois quitter ta douce interaction et compagnie et commencer le travail de la rédemption de l'homme. Le temps du repos est arrivé à sa fin et l'heure de la souffrance pour le sauvetage des fils d'Adam est arrivée. Mais je tiens à

effectuer ce travail de mon père avec ton aide, et tu dois être mon compagnon et mon assistante dans la préparation de ma Passion et de ma mort sur la Croix. Bien que je doive maintenant te laisser seule, ma bénédiction et ma protection aimante et puissante resteront avec toi. Par la suite, j'e reviendrai pour demander ton aide et ta compagnie dans mes travaux ; car je dois les subir sous la forme d'un homme, que tu m'as donnée. '

Avec ces mots, Jésus met ses bras autour du cou de sa mère et ils se réconfortent mutuellement, tandis que la mère et le fils débordent de larmes abondantes.

Marie tombe alors à ses pieds et répond :
"Mon Seigneur et Dieu éternel : *Tu es en effet mon fils et en toi est accomplie toute la force de l'amour, que j'ai reçu de toi : mon âme intime est mise à nue aux yeux de ta divine sagesse. Ma vie je ne considèrerai que peu, si je pouvais sauver ainsi la tienne, ou si je pouvais mourir pour toi plusieurs fois. Mais la volonté du Père éternel et la tienne doivent être accomplies et je t'offre mes propres désirs, comme un sacrifice pour cet accomplissement. Reçois-le, mon fils et en tant que maître de tout mon être ; Laisses-le être une offrande acceptable et laisses ta protection divine ne jamais être voulue par moi. Ce serait un bien plus grand sacrifice pour moi, que d'être autorisée à t'accompagner dans tes travaux et ta Croix. Puis-je mériter cette faveur, mon fils, et je te le demande comme ta vraie mère en échange de la forme humaine, que tu as reçue de moi*".

Ayant demandé à participer dans les souffrances et les travaux du Christ, sa demande est acceptée, et depuis l'époque où le Christ commence sa Mission, elle sera privée des actions de tendresse qui jusqu'à présent ont été de coutume entre mère et fils et qui ont été son plus grand plaisir. Il commence à traiter Marie avec une plus grande réserve, s'adressant même à elle comme 'Femme ' au lieu de 'Mère ' comme il le fera aux noces de Cana et également sur le Golgotha, comme un raffinement exquis de son affection pour lui assimiler ses souffrances.

L'affaire ainsi réglée, mère et fils se préparent à se séparer.

Fin de l'extrait.

C'est son dernier repas à la maison avant le début de sa mission. Servi dans la salle principale à Nazareth, qui sert également de la salle où la famille se repose. Dans la salle est une table rectangulaire simple, de l'autre côté de laquelle est un coffre qui sert également de siège, placé contre la paroi. Aussi dans la salle sont le métier à tisser de Marie, un tabouret adossé à un mur et deux chaises plus une bibliothèque qui porte également des lampes à huile et d'autres objets.

Par la porte ouverte qui mène dans le potager, les faibles rayons du soleil couchant éclairent le feuillage supérieur d'un arbre qui commence à verdir avec ses premières feuilles.

Jésus est assis à la table, servi par Marie au souper, qui va et vient depuis la cuisine. Depuis son siège, il peut voir la lumière du foyer par la porte ouverte. Sur la table, il y a déjà du pain plat brun foncé, une amphore avec de l'eau et un gobelet. Marie sert des légumes bouillis et puis plus tard, du poisson rôti et enfin, un peu de doux fromage frais comme galets arrondis servis avec des petites olives noires. Deux fois ou trois fois, Jésus demande à Marie de s'asseoir et de manger avec lui, mais chaque fois elle secoue la tête, souriant tristement.

Silencieusement, il mange, regardant tristement sa mère qui, aussi visiblement triste, va et vient purement pour s'occuper. Même s'il fait encore jour, elle allume une lampe et la pose sur la table auprès de Jésus, caressant subtilement sa tête en même temps. Puis, ouvrant un sac à dos noisette en laine pure imperméable à l'eau, elle regarde à l'intérieur, remonte dans le cellier au fond de la cuisine et revient avec des pommes flétries conservées depuis l'été dernier et les met dans le sac à dos, en ajoutant une miche de pain et un peu de fromage bien que Jésus remarque qu'il ne les désire pas car il y a déjà assez de nourriture dans sa sacoche.

Puis elle vient à l'extrémité plus courte de la table et debout à sur son côté gauche, elle l'observe avec amour et adoration alors qu'il mange, son visage plus pâle que d'habitude ; momentanément vieillie par la douleur, ses yeux fatigués, cernés, et tristes plus grands et plus brillants des larmes déjà versés et des larmes à venir.

Jésus, plus songeur que d'habitude, mange lentement, non pas par faim, mais pour plaire à sa mère. Et maintenant, soulevant sa tête, il regarde sa mère, leurs yeux se croisent et voyant que les siens sont pleins de larmes, il incline la tête à nouveau pour qu'elle puisse pleurer. Mais il prend sa main mince qui est posée sur la table, dans sa main gauche, la soulève à sa joue et se frotte la joue, puis son visage avec pour sentir la caresse de la main tremblante pauvre et l'embrasse sur le dos avec amour et respect.

Marie étouffe un sanglot avec sa main gauche et efface les larmes coulant de son visage avec ses doigts.

Jésus reprend son repas et Marie sort dans le jardin potager maintenant enveloppé par le crépuscule. Jésus cesse de manger et reposant son coude gauche sur la table, il penche son front dans sa main, absorbé dans ses pensées.

Puis, il écoute, se lève de la table et suit à Marie à l'extérieur. Il regarde autour de lui, puis va à droite et entre dans l'atelier du charpentier, maintenant rangé ; pas de planches ou de copeaux qui traînent, le feu et les outils sont mis de côté.

Se penchant sur le grand banc de travail, sa tête appuyée sur son bras gauche plié, Marie pleure en silence mais grièvement. Jésus s'approche d'elle si doucement, qu'elle ne réalise pas qu'il est là jusqu'à ce qu'il pose sa main sur sa tête abaissée.
'Maman!' Dit-il simplement et dans sa voix, il y a un reproche doux et affectueux.

Marie lève sa tête et regarde Jésus à travers un voile de larmes. Et puis elle se penche sur son bras droit avec les deux mains jointes comme si dans la prière. Jésus essuie son visage avec l'ourlet de sa grande manche et puis l'embrasse, l'étreignant contre son cœur et embrasse son front, majestueux et viril, tandis que Marie, à part pour son visage dévasté par la tristesse, ressemble à une petite fille.

'Viens mère ' lui dit Jésus et la tenant proche avec son bras droit, ils vont de nouveau à l'extérieur dans le jardin potager et assoient sur un banc contre le mur de la maison. Le jardin est maintenant silencieux et sombre, éclairé seulement par la lune et la lumière venant de la maison. La nuit est sereine. Jésus parle à Marie tranquillement - un simple murmure, et Marie écoute et hoche la tête en acquiescement :

'...Et fais venir tes proches. Ne restes seule pas ici. Je serai plus heureux, mère, et tu sais à quel point j'ai besoin de tranquillité d'esprit pour remplir ma mission...Tu ne manqueras pas de mon amour. Je reviendrai très souvent et je t'informerai, au cas où je ne puisse pas venir à la maison, quand je suis en Galilée. Ensuite, tu viendras à moi, mère...Cette heure est arrivée. Tout a commencé lorsque l'ange t'est apparu; l'heure sonne maintenant et nous devons vivre, mère, n'est-ce pas?...

...Après que nous ayons surmonté l'épreuve, nous aurons la paix et la joie. Tout d'abord, nous devons traverser ce désert tout comme nos ancêtres avant qu'ils entrent dans la terre promise. Et le Seigneur Dieu nous aidera comme il les a aidés...Il nous accordera son aide comme une manne spirituelle pour nourrir nos âmes dans le difficile moment de l'épreuve...Disons le nôtre père ensemble... "

Ils se tiennent et regardent vers le ciel : deux victimes vivantes qui brillent dans l'obscurité. Avec les mains de Marie jointes, et ses mains tendues à la façon d'un prêtre, lentement, d'une voix claire, Jésus dit la prière du Seigneur, mettant l'accent sur 'Ton règne Vienne ' et puis après une pause, soulignant également "Ta volonté soit faite".

Ils retournent à la maison.

Jésus verse du vin d'une amphore sur la bibliothèque dans un gobelet et pose le gobelet sur la table. Il prend ensuite la main de Marie et la fait assoir à ses côtés et boire du vin, dans lequel il plonge une petite tranche de pain et, après une certaine résistance, lui fait manger. Jésus draine le gobelet. Puis enlaçant sa mère à ses côtés, il la tient près de son cœur et ils siègent ainsi pendant un certain temps, silencieux... en attente. Marie caresse la main droite de Jésus et ses genoux et Jésus tapote le bras et la tête de Marie.

Après un certain temps, Jésus se lève et Marie fait de même. Ils s'embrassent tendrement maintes et maintes fois. Chaque fois qu'ils semblent sur le point de se séparer, Marie embrasse sa créature encore et encore ; la mère souffrante, qui doit se séparer de son fils, tout en sachant ce qui les attend.

Jésus met son manteau bleu foncé sur ses épaules, tire sur la capuche et porte son sac à dos à l'épaule afin de marcher avec ses mains libres. Marie l'aide et prend son temps pour démêler sa tunique, le manteau et la capuche, retardant l'inévitable.

Jésus fait un signe de bénédiction dans la salle et puis se dirige vers la porte. À la porte ouverte, ils s'embrassent une fois de plus. Alors Jésus s'éloigne dans la nuit et sur la route silencieuse, une silhouette solitaire s'éloignant au clair de lune blanc.

Avec ses premiers pas à l'extérieur de la maison, Jésus lève les yeux au ciel et offre avec un amour infini au père, tout ce qu'il s'apprête à entreprendre pour le salut de l'humanité : ses labeurs, ses douleurs, sa passion et sa mort sur la Croix et le chagrin naturel de se séparer comme un vrai fils aimant de sa mère dont la douce compagnie il a apprécié depuis trente ans.

Marie, appuyé contre le poteau de la porte, plus pâle que les rayons de la lune, les yeux étincelant de larmes silencieuses, le regarde aller de plus en plus loin le long de l'étroit chemin blanc. Deux fois, il se retourne pour regarder sa mère toujours penchée, pleurant contre le chambranle, l'observant s'écarter à travers son voile de larmes. Puis Jésus disparaît dans un virage...le début de son voyage évangélique, qui se terminera à Golgotha...

Marie retourne dans la maison, toujours en larmes, et ferme la porte...Elle a également commencé son voyage, qui l'emmènera à Golgotha...

...Pour l'humanité, qui demeure ingrate à ces deux qui ont grimpé de Calvaire pour eux.

Jésus se met à rechercher le Baptiste pour se faire baptiser sur les rives du Jourdain. Avant son arrivée en Jordanie, il remplit le Baptiste de lumière nouvelle et de joie en lui donnant une vision plus claire de l'union hypostatique de la personne du mot avec l'humanité du Christ et autres mystères de la rédemption qui font s'émerveiller et réfléchir le Baptiste sur eux disant

'De quel mystère s'agit-il ? Quels pressentiments du bonheur ? A partir du moment où j'ai reconnu mon Seigneur dans le ventre de ma mère, je n'ai jamais ressenti cette agitation de mon âme comme aujourd'hui ! Est-il possible qu'il soit venu heureusement maintenant? Le Sauveur du monde est-il maintenant près de moi?"

Jésus Est Baptisé Dans Le Jourdain

Le lit large et peu profond du Jourdain emmène lentement ses eaux bleues vers le sud, la teinte verdâtre de l'eau sur les bords, découlant de la végétation luxuriante qui poussent dans le sol humide des berges basses. Le mouvement de l'eau est juste assez rapide pour éviter la formation de marais, son flot régulier atteste de la planéité du lit du fleuve reflétée également dans l'immense pays plat et aride à l'extrême-gauche du Jourdain qui est le désert de Judée ; friche vide jonché de pierres et de gravats comme un terrain alluvial après une inondation. Il n'y a pas de maisons en vue et aucun champ cultivé, mais ici et là, quelques arbustes poussent en grappes là où le sol est moins desséché.

Ici sur la rive droite du fleuve, dans le quartier de Béthanie, également connu sous le nom de Betharaba, il y a une grande paix, particulière et inhabituelle, comme dans un lieu plein de souvenirs d'anges battant leurs ailes et des voix célestes, en lieu qui communique avec l'âme.

Lentement, une foule se rassemble sur la rive droite

de la rivière ; hommes de tous horizons, habillés de manière différente ; certains ordinaires, certains riches et quelques pharisiens portant des tuniques ornées de franges et de tresses.

Au milieu de la foule, debout sur un podium de roche, est un homme grand et sombre dans un vêtement de poils de Carmel donnant un sermon d'une voix comme un coup de tonnerre. C'est Jean le Baptiste, le Précurseur, et son sermon est sévère comme avec ses paroles, son ton et ses gestes, il annonce la venue du Messie, exhortant les gens à préparer leurs cœurs, briser les barrières et corriger leurs pensées. C'est un sermon violent et rude, livré comme un médecin qui met une plaie à nu, la scrute et puis coupe sans pitié.

Sur un ancien sentier battu étroit qui longe la bande d'arbuste vert sur cette rive, Jésus, seul, marchant lentement et sans bruit, s'approche de Baptiste par-derrière, écoutant la voix tonitruante du pénitent du désert, tout comme une des nombreuses personnes qui viennent à Jean pour être baptisés et purifiés pour la venue du Messie. Les vêtements de Jésus sont ceux des gens communs, mais son apparence est la perfection de la beauté physique et son allure est celle d'un gentilhomme. Mais il n'y a rien de divin qui est immédiatement évident, pour le distinguer des autres.

Mais une spiritualité particulière doit émaner de lui, que Jean perçoit parce qu'il tourne autour et identifie immédiatement sa source. Impulsivement, Jean descend de son podium et s'empresse vers Jésus, qui s'est arrêté à quelques mètres de la foule et est appuyée contre un tronc d'arbre. Aujourd'hui, c'est le trentième jour après son trentième anniversaire.

Les deux hommes se regardent l'un l'autre ; Jésus, avec ses yeux bleus très doux, Jean avec les siens noirs, fiévreux, très graves et clignotants. Les deux hommes sont grands, mais la ressemblance s'arrête là ; tandis que Jésus semble majestueux dans sa tunique simple, porte ses cheveux blonds longs et bien coiffés, encadrant son visage blanc Ivoire, les cheveux noirs de Jean tombe inégalement sur ses épaules et sa barbe clairsemée recouvre son visage presque entièrement, ses joues sont creusées par le jeûne, son teint sombre, tanné et marqué par le soleil et les conditions de vie sèches dans le désert, et son corps poilu à demi-nu dans son vêtement de peau de chameau qui recouvre son tronc et ses côtés minces et est lié à la taille par une ceinture de cuir, laissant son côté droit nu et complètement à la merci de la battu. En apparence, l'un est l'antithèse de l'autre ; comme un sauvage et un ange.

'Voici l'agneau de Dieu!... ' S'exclame Jean après son examen. Et se prosterner devant Jésus, il ajoute "...Comment se fait-il que mon Seigneur vienne à moi? '

"Pour remplir le rite pénitentiel" répond Jésus, calmement.

'Jamais, mon Seigneur. Je dois venir à toi pour être sanctifié, et tu viens à moi? '

'Que cela se fasse comme je veux... ' Dit Jésus, posant la main sur la tête inclinée de Jean '...afin que toute la justice s'accomplisse et que ton rite devienne le début d'un mystère plus élevé...Et les hommes peuvent être informés que la victime est dans le monde.

Jean regarde Jésus avec les yeux maintenant adoucis par les larmes et puis ouvre la voie vers la rive du fleuve où Jésus enlève son manteau et sa tunique. Portant seulement une paire de shorts, Jésus entre dans les eaux peu profondes du fleuve Jourdain, où, à l'aide d'une tasse faite d'une coquille de citrouille vidée et séchée qu'il garde lié à sa ceinture, Jean verse de l'eau de la rivière sur la tête de Jésus, le baptisant. En ce moment, les cieux s'ouvrent, et une colombe divine descend sur lui, qui doit baptiser les hommes avec cette colombe, et une annonce, plus puissante que l'ange est entendue descendant du ciel, du Père Éternel :

'C'est mon fils bien-aimé, en qui je me complais. '

Beaucoup d'entre les passants entendent cette voix, y compris ceux qui ne sont pas dignes de cette faveur, et ils voient aussi le Saint-Esprit descendre sur le Sauveur, car cette manifestation est donnée sans réserve.

Blanc, doux et modeste, l'agneau de Dieu remonte sur

la berge, met sur ses vêtements et se concentre ensuite dans la prière, tandis que Jean le fait remarquer à la foule en leur disant qu'il l'a reconnu par le signe que l'esprit de Dieu lui avait montré le moyen infaillible d'identifier le Rédempteur

Il s'agit de la troisième manifestation du Christ au monde peu après sa naissance ; par le biais de mages, Simon au Temple et maintenant par le biais de Baptiste.

Au cours des trois prochaines années, la patrie de Jésus va être parsemé de ses manifestations comme des graines dispersées aux quatre vents ; dans chaque condition sociale et classe, descendant jusqu'aux derniers : sa Résurrection et son Ascension au Ciel : aux bergers et aux gens puissants, érudits et sceptiques, Juifs et Gentils, prêtres et pécheurs, dirigeants, soldats et enfants.

Et ils continuent, aujourd'hui encore. Mais, comme par le passé, le monde n'acceptera pas les manifestations présentes et oubliera celles passées. Mais Jésus a dit qu'il n'abandonnera pas ; Il se répétera lui-même pour sauver les hommes, pour les convaincre d'avoir foi en lui, ne se confinant plus aux paroles qui lassent et détachent les hommes, mais recourant aux visions, également, pour rendre son Évangile clair, donnant à tout le monde la possibilité de le connaître.

Et si, comme les enfants cruels, ils devraient rejeter le don sans en comprendre sa valeur, alors ils seront laissés avec son indignation.

Alors, dit Jésus:'...Je serai en mesure de répéter une fois de plus le vieux reproche: 'nous avons joué pour vous et vous ne vouliez pas danser ; Nous avons chanté des déplorations et vous n'avez pas pleuré." Mais cela n'importe pas. Laissez-les, les inconvertibles, entassez des charbons ardents sur leurs têtes... "

Jésus Est Tenté Dans Le Désert Par Le Diable

Profond dans le désert aride qui se trouve sur le côté gauche du Jourdain, il n'y a rien d'autre que la solitude, les pierres et cette terre si aride qu'elle est devenue une poussière jaunâtre qui s'élève encore et encore dans les petits courants éoliens, en de petits tourbillons qui sont chauds et secs comme le souffle d'une bouche fiévreuse. Les tourbillons sont très gênant car ils pénètrent facilement les narines et la gorge de quiconque dans ce lieu hostile.

Malgré les obstacles, quelques petits buissons épineux survivent dans la désolation, clairsemés ici et là comme des petites mèches aléatoires de cheveux survivantes sur un crâne chauve. Frais généraux, le ciel est bleu sans pitié. Sur le terrain ; terres arides, de pierres et de silence.

À l'intérieur d'une grotte de roche formée à partir de l'énorme roche surplombante, Jésus est assis sur une pierre qui a été placé dans la grotte, appuyé contre un morceau de rocher qui surplombe ; à l'abri du soleil brûlant. Depuis quarante jours, la pierre sur laquelle il se trouve maintenant a également été son tabouret à genoux et son oreiller quand il prend quelques heures de repos, enveloppé dans son manteau, sous le ciel étoilé, dans l'air froid de la nuit. A son côté, le sac à dos qu'il amena avec lui quand il a quitté Nazareth se trouve vide. Jésus lui-même est très mince et pâle.

Extrait de ' La Ville Mystique de Dieu'
Par Vénérable Marie de Jésus d'Agreda.

Les quarante jours de son jeûne ont été offerts au père dans la satisfaction du péché de gourmandise tout comme il va conquérir chaque vice par l'exercice des vertus qui leur sont contraires ; profonde humilité pour la fierté, pauvreté volontaire et privation totale pour l'avarice, pénitence et austérité pour la luxure, douceur et charité envers ses ennemis pour la colère vengeresse, labeur incessant pour la paresse et la négligence, sincérité droite, véracité et interactions aimantes pour l'envie et la tromperie.

Pour chacun des quarante jours, il fait trois cents génuflexions et prie dans la louange et les actions de grâces au père, se prosterne sur le sol sous la forme d'une croix.

De retour à Nazareth, dès que Marie a appris que Jésus était sur son chemin vers le désert, elle aussi se retira dans sa chambre et sa retraite était si complète que ses voisins croyaient qu'elle était partie avec son fils. Elle a commencé son jeûne avec son fils et a aussi jeûné pendant quarante jours, copiant son fils dans toutes les actions et en synchronisation ; génuflexions, prosternations et prières de louange et action de grâces, voir et communiquer avec son fils, par leur science intérieure unique et spéciale, ainsi que par le biais de leurs anges messagers.

Jusqu'aux trente cinquième jours du jeûne, le Christ avait déjoué toutes les tentatives de Satan et de son équipage pour découvrir la véritable source de son pouvoir infini, en montrant juste assez pour prouver que lui, le Christ, est un homme assez avancé dans la sainteté pour pouvoir acquérir ces compétences. Mais comme le temps approchait pour lui d'entrer dans la bataille et d'écraser la fierté et la malice de Satan, il a offert une prière au père dans la préparation et cacha ses anges de la vue de Satan.

Son combat contre Satan a commencé le trente-cinquième jour de son jeûne et a duré cinq jours. La mission principale de Satan était d'établir une fois pour toutes si Jésus était en effet le Christ, le fils de Dieu, le même homme-Dieu que lui, Lucifer, lorsque toujours en possession de sa beauté Angélique, avait refusé de connaître et vénérer comme son chef. S'il pouvait justifier ce fait, alors il trouverait aussi la femme, la mère du verbe incarné, qui était destinée à le vaincre. À cette fin, Satan et ses légions sont fortifiés de courage par leur propre arrogance, la souche de tout leur pouvoir et malice, se jetant dans une fureur contre la force supérieure qu'ils trouvent en Jésus. Pour en revenir au début de la bataille :

Fin de l'extrait.

JOUR 1

Assis avec ses coudes sur ses genoux, avant-bras en avant, mains jointes et les doigts entrelacés, Jésus médite. De temps en temps, il relève la tête et regarde aux alentours, puis cherche sur le soleil qui est maintenant presque perpendiculaire dans le ciel bleu. Puis il ferme les yeux et se penche sur la roche comme quelqu'un pris de malaise.

Puis Satan apparait enveloppé dans une tunique bédouine et un large manteau en forme de domino - un énorme manteau porté avec un masque. Son visage hideux apparaît encadré par les volets blancs du turban de Bédouin, qu'il porte sur sa tête. Les volets tombent sur ses joues, sur ses épaules, laissant seulement un petit triangle sombre de son visage avec des minces lèvres sinueuses et profondes, les yeux de jais noirs magnétiques qui peuvent pénétrer et lire les profondeurs de l'âme, mais dans lesquels on ne peut rien lire. Ou le mystère. Ils poignardent et brûlent votre âme.

Il est tout le contraire de Jésus des les beau yeux bleu vif, aussi magnétiques et pénétrants la profondeur de l'âme, duquel on peut lire l'amour et la générosité. Ils caressent et guérissent.

Satan commence par une **séduction sensuelle**, enveloppé dans un simple acte de bonté qui dégénère très vite...

'Es-tu seul?' demande à Satan, s'approchant de

Jésus.

Jésus se penche sur lui, mais ne dit rien.

'Comment êtes-vous arrivé d'être ici ? Êtes-vous perdu? '

Jésus regarde à nouveau mais reste silencieux.

'Si j'avais de l'eau dans ma gourde, je vous en donnerai. Mais je n'en ai pas moi-même. Mon cheval est mort et je vais maintenant à pied au gué. Je boirai là et trouverai quelqu'un qui me donnera du pain... Je connais la route. Venez avec moi, je vais vous y emmener. '

Cette fois, Jésus ne le regarde même pas.

"Vous ne répondez pas ; savez-vous que si vous restez ici, vous allez mourir ? Le vent commence à forcir. Il va y avoir une tempête. Venez "

Jésus joint ses mains dans une prière silencieuse.

' Ah ! C'est donc vous ? Je vous cherche depuis si longtemps! Et je vous ai regardé pendant tellement longtemps. Depuis que vous avez été baptisé. Appelez-vous l'Éternel ? Il est très loin. Vous êtes maintenant sur la terre, au milieu des hommes. Et je règne sur les hommes. Et pourtant, je suis désolé pour vous, et je veux vous aider parce que vous êtes si bonne, et vous vous êtes sacrifié pour rien... "

Et Satan s'assied en face de Jésus, le scrute avec ses

yeux terribles et lui sourit avec sa bouche serpentiforme. Mais Jésus demeure silencieux et dans la prière.

<small>Extrait de ' La Ville Mystique de Dieu'
Par Vénérable Marie de Jésus d'Agreda.</small>

'...Les hommes vous haïront à cause de votre bonté. Ils ne comprennent rien à part l'or, la nourriture et le plaisir. Le sacrifice, la tristesse et l'obéissance sont des mots qui leur sont plus arides que la terre qui nous entourent ici... plus arides que cette poussière. Seuls les serpents se cachent ici attendant de mordre et les chacals attendant de mettre en pièces-
-Venez avec moi ; Il n'est pas utile de souffrir pour eux. Je les connais mieux que vous. '

Mais Jésus continue à prier.

La concentration de Satan et ses légions est très précisément sur l'établissement de l'identité de cette personne ; Est-Il juste un Saint homme ou il est le Christ ? Pour ce faire, ils doivent briser le bouclier qui les empêche de connaître la véritable source de son pouvoir...

... mais la force s'avoue trop grande pour eux et la distraction sans succès

<small>Fin de l'extrait.</small>

JOUR 2

le deuxième jour, Satan apparaît habillé en lumière comme un ange et sans beaucoup de formalités, procède à une nouvelle proposition, tentant la **luxure**.

"Vous ne me faites pas confiance, mais vous vous trompez. Je suis la sagesse de la terre. Je peux être votre professeur et vous montrer comment faire pour triompher. Vous voyez ? La chose importante est de triompher-
-Une fois que nous nous sommes imposés et avons enchanté le monde, alors nous pouvons les emmener où nous voulons. Mais tout d'abord, il faut qu'ils veuillent que nous soyons. Comme eux. Nous devons prendre leur allure, leur faire croire nous les admirons et suivons leurs pensées -

-Vous êtes jeune et beau. Commencez avec une femme. Il faut toujours commencer avec elle. J'ai fait une erreur l'induisant à être désobéissante. J'aurais dû la conseiller différemment. Je l'"aurai transformée en un meilleur instrument et j'aurai battu Dieu. J'étais dans en hâte-

-Mais vous ! Je vais vous enseignerai parce qu'un jour, j'ai vous regardé avec une joie Angélique et une fraction de cet l'amour reste en moi, mais vous devez m'écouter et faire usage de mon expérience. Trouvez une femme ; Si vous ne réussissez pas, elle le fera. Vous êtes le nouvel Adam : vous devez avoir votre Eve -

-En tout cas, comment pouvez-vous comprendre et

guérir les maladies des sens si vous ne savez pas ce qu'elles sont ? Ne sais-tu pas que, c'est là où est graine, que pousse l'arbre de la gourmandise et de l'arrogance ?
Pourquoi les hommes veulent-ils régner ? Pourquoi veulent-ils être riches et puissant?...Posséder une femme ; Elle est comme un Pinson, seulement attirée par les choses brillantes. Or et puissance sont les deux faces du miroir qui attirent la femme et sont la cause du mal dans le monde...regardez : sur mille crimes différents, au moins neuf cents trouvent racine dans la soif de posséder une femme ou dans la passion d'une femme brûlant de désir que l'homme n'a pas encore satisfaite ou peut ne plus satisfaire. Allez à une femme si vous voulez savoir ce qu'est la vie. Et alors seulement vous serez en mesure de soigner et de guérir les maladies de l'humanité-

-Les femmes, vous savez, sont magnifiques ! Il n'y a rien de plus agréable dans le monde. L'homme a la cervelle et la force. Mais la femme ! Sa pensée est un parfum, sa touche la caresse des fleurs, sa grâce est comme le vin ; agréable à boire, sa faiblesse comme une bobine de soie ou une boucle d'enfant dans la main d'un homme, sa caresse, une force versé sur nos propres forces et qui les enflamme. Tristesse, fatigue, soucis sont oubliés lorsque nous nous couchons près d'une femme et qu'elle est dans nos bras comme un bouquet de fleurs -

Jésus ne fait aucune réponse et continue à prier

JOUR 3

Frustré par son manque de progrès Satan s'efforce avec sa ruse de pénétrer au cœur du sujet. Toujours vêtu de lumière, il conjecture que Christ doit avoir faim et astucieusement repose alors ses conseils sur la **supposition qu'il est le fils de Dieu**.

- Mais quel idiot je suis ! Vous avez faim et que je vous parle de femmes. Vous êtes épuisé, c'est pourquoi ce parfum de la terre, cette fleur de la création, le fruit qui donne et excite l'amour, semble sans valeur pour vous...Mais regardez ces pierres. Rondes et lisses elles apparaissent, dorées par le soleil couchant ! Ne ressemblent-elles pas à des pains ? ...Puisque vous êtes le fils de Dieu, tout ce que vous avez à dire est: 'Je veux ' et elles deviendront du pain à l'odeur douce, tout comme les pains que femmes sortent actuellement de leurs fours pour le souper de leur familles...Et ces acacias arides, si vous le souhaitez seulement, ne se rempliront ils pas avec des fruits sucrés et les dates aussi douces que le miel ? Mangez à votre faim, fils de Dieu. Vous êtes le maître de la terre. La terre est incline à se mettre à vos pieds et à apaiser votre faim.

-Ne vois-tu pas comment vous devenez pâle et instable à l'évocation du pain ? Pauvre Jésus ! Vous êtes donc si faible que vous ne pouvez pas même faire un miracle ? Dois-je le faire pour vous ? Je ne suis pas votre égal, mais je peux faire quelque chose. Je vais aller sans aucune force pour une année entière, tout réunir ensemble, mais je tiens à vous servir, parce que vous êtes bon et je me souviens toujours que vous êtes mon Dieu, même si maintenant j'ai perdu le droit de vous appeler ainsi. Aidez-moi avec vos prières, que je puisse... '

'Taisez-vous ! 'L'homme ne vit pas seulement de pain, mais de toute parole qui sort de la bouche de Dieu. ' '

Satan commence à être en colère, grince des dents et serre ses poings, mais il se contrôle et transforme son visage grimaçant en un sourire, ne voulant montrer aucune faiblesse ou quitter la confrontation.

JOUR 4

Éveillant son courage par son arrogance, Satan revient avec une nouvelle proposition, cette fois dans le but d'éveiller la **vanité** en Jésus...

'Je comprends. Vous êtes au-dessus des nécessités de la terre et vous êtes dégoûté de faire usage de moi. J'ai mérité cela...Mais venez et voyez ce qu'il y a dans la maison de Dieu. Je vous emmènerai jusqu'au pinacle du Temple où vous pourrez voir comment même des prêtres ne refusent pas d'en venir à un compromis entre l'esprit et la chair ; Après tout, ce sont des hommes et non des anges... '

Le Christ se laisse physiquement transporté jusqu'au pinacle du Temple de Jérusalem, d'où ils peuvent observer des multitudes de gens sans qu'ils ne soient visibles.

'......Performez un miracle spirituel ; subissez une transfiguration et devenez plus beau. Ensuite, appelez une foule d'anges et dites-leur de former un repose-pied pour vos pieds avec leurs ailes entrelacées et de vous emmener ainsi dans la cour principale afin que les gens puisse vous voir et se souviennent que Dieu existe. On doit se montrer soi-même maintenant et encore, parce que la mémoire de l'homme est si faible, particulièrement en ce qui concerne les questions spirituelles. Vous pouvez imaginer combien les anges seront heureux de former une protection pour vos pieds et une échelle pour que vous descendiez! '

'Il est dit: 'Vous ne devez pas mettre le Seigneur votre Dieu à l'épreuve. ' '

'Vous comprenez que votre apparition ne changerait rien, et le Temple continuera d'être un marché plein de corruption. Votre sagesse divine est consciente que les cœurs des ministres du Temple sont des nids de vipères qui déchirent et sont déchirés en morceaux dans un souci de réussite. Ils ne sont soumis que par la puissance humaine-

JOUR 5

Extrait de ' La Ville Mystique de Dieu'
Par Vénérable Marie de Jésus d'Agreda.

Ayant échoué dans sa quatrième tentative, Satan cherche maintenant à réveiller l'ambition du Sauveur pour une place dans 'son dominion '... Pour cela, Jésus permet à Satan de l'emmener jusqu'à une très haute bute d'où ils peuvent voir à travers de nombreuses terres et après lui avoir montré tous les sites touristiques et la richesse, où Satan, avec une hardiesse exorbitant plutôt plus comme la folie, Satan promet ce qu'il ne possède pas ni possédera jamais en échange de la seule chose qu'il implore le plus...

Fin de l'extrait.

- Eh bien, viens. Adorez-moi. Je vous donnerai la terre. Alexandre, Cyrus, César, tous les grands dirigeants, passés ou présents, seront comme les dirigeants de caravanes misérables par rapport à vous, car vous aurez les royaumes du monde sous votre sceptre. Et avec les royaumes, toutes les richesses, toutes les belles choses sur terre ; femmes, chevaux, armées et les temples. Vous serez en mesure de soulever votre signe partout quand vous serez le roi des rois et le Seigneur du monde. Puis vous serez obéi et respecté par le peuple et le clergé. Toutes les classes vont honoreront et vous serviront, parce que vous serez le puissant, le seul, le Seigneur.

-Adorez moi un instant seulement ! Apaisez ma soif d'être adoré ! Elle m'a ruiné, mais elle reste en moi et je suis desséché par elle. Les flammes de l'enfer sont comme une fraîche brise matinale par rapport à cette passion féroce qui brûle à l'intérieur de moi. C'est mon enfer, cette soif...Un instant, un instant seulement, Christ... '

Et Satan tombe à genoux implorant :

'...Vous êtes si bon ! Un moment de joie pour celui éternellement torturé ! Permettez-moi de sentir ce que c'est que d'être Dieu et je serai votre serviteur dévoué, obéissant pour toute votre vie et toutes vos entreprises...Un instant, un instant seulement et je ne vous torturerai plus vous! '

Au lieu de cela, Jésus se tient plus grand, son visage terriblement grave et ses yeux puissants, deux saphirs brûlants. Il a maigri des longues journées de jeûnes et maintenant a l'air encore plus grand et sa voix, comme un tonnerre, se répercute quand il crie :

'Pars, Satan ! Il est écrit: 'Vous devez adorer le Seigneur votre Dieu et servir lui seul. '

Avec un cri de torture terrible et de haine indescriptible, Satan bondit sur ses pieds, une horrible et furieuse figure fumante et disparaît avec un dernier cri de malédiction.

Après cette cinquième journée, Christ suspend l'autorisation de Lucifer de le tenter plus encore et le lance lui et ses légions dans les grottes de l'enfer où ils se trouvent entièrement écrasés et incapables de bouger pendant trois jours et encore sans savoir si oui ou non, celui qui les avait écrasés si fort est le verbe incarné ou non, et dans une telle incertitude ils restent jusqu'à ce qu'à la Crucifixion sur le Calvaire.

En triomphales chants de louange et de grâce au père pour cette victoire contre l'ennemi de Dieu et de l'homme, les anges portent Jésus vers le désert ici, fatigué, il s'assied et se penche en arrière avec sa tête appuyée sur la pierre. Il est suant et semble épuisé mais les anges viennent faire faire du vent doucement avec leurs ailes dans l'humidité inconfortable de la grotte, purifiant et rafraîchissant l'air. Jésus ouvre les yeux et sourit, apparemment nourri et revigoré par l'odeur du paradis.

Le soleil s'est couché dans l'Ouest. Il prend son sac à dos et en compagnie des anges qui, volant au-dessus de sa tête, émettent une lumière douce alors que l'obscurité approche rapidement, marche à pas régulier dans la direction nord-est. Il assume maintenant son expression habituelle, et le seul signe restant de son long jeûne est une apparence plus ascétique de son visage mince, pâle et ses yeux ravis dans une joie qui n'appartient pas à ce monde.

Jésus Rencontre Jean Et James

De retour du désert, Jésus, encore une fois, marche le long de la bande verte de végétation sur les rives du Jourdain, près de l'endroit où il fut baptisé, qui est aussi un gué bien connu utilisé pour traverser de Béthanie à Perea. L'endroit est maintenant désert, à part pour les quelques voyageurs à pied, certains à dos d'ânes et d'autres à cheval.

Jésus continue vers le Nord, absorbé dans ses pensées et semblant ne pas voir les voyageurs. Quand il atteint la gué, il rencontre un groupe d'hommes de différents âges, dans une discussion animée, parlant peut-être de l'arrestation de Jean-Baptiste la veille, et puis ils se séparent et se dispersent dans des directions différentes ; certains vers le sud et autres vers le Nord.

Deux frères, Jean et Jacques, sont parmi ceux marchant vers le Nord, et ayant vu Jésus le premier, Jean le fait remarquer à son frère et à ses compagnons. Ils parlent un peu entre eux et puis Jean se détache du groupe et marche rapidement vers Jésus. Jacques le suit, marchant un peu plus lentement. Les autres, ne montrant aucun intérêt, poursuivent leur discussion, marchant aussi lentement.

Quand Jean est à environ deux ou trois mètres de Jésus, il crie: 'Agneau de Dieu qui enlève le péché du monde! '

Jésus se retourne et le regarde. Maintenant, il y a seulement quelques pas entre eux. Ils se regardent : Jésus avec son sérieux regard scrutant, Jean avec ses yeux purs souriants sur son beau visage juvénile qui ressemble au visage d'une fille. Il a une vingtaine d'années, imberbe, avec seulement le signe du blond tombant comme un voile doré sur ses joues roses.

'Qui cherchez-vous? ' demande Jésus.

'Vous, maître. '

'Comment savez-vous que je suis un maître? '

'Jean-Baptiste me l'a dit. '

'Eh bien, pourquoi m'appelez-vous agneau? '

'Parce que je l'ai entendu vous appeler ainsi un jour, quand vous passiez par-là, il y a un peu plus d'un mois. '

'Que voulez-vous de moi? '

'Je veux que vous nous disiez des paroles de vie éternelle et nous réconfortiez. '

'Mais qui êtes-vous? '

'Je suis Jean de Zébédée, et voici mon frère Jacques. Nous sommes pêcheurs de Galilée. Mais nous sommes aussi disciples de Jean. Il prononça des paroles de vie pour nous et nous avons écouté parce que nous voulons suivre Dieu et mériter son pardon en faisant pénitence et ainsi préparer nos cœurs à la venue du Messie. Tu es le Messie. Jean l'a dit, parce qu'il a vu le signe de la colombe descendre sur vous. Il nous a dit: 'Voici l'agneau de Dieu. ' Je vous le dis : l'agneau de Dieu qui effaces les péchés du monde, nous donne la paix parce que nous n'avons plus tous ceux qui peuvent nous guider, et nos âmes sont bouleversés. ' '

'Où est Jean? '

'Hérode l'a pris. Il est en prison à Machaerus. Les plus fidèles parmi ses disciples ont essayé de le libérer, mais ce n'est pas possible. Nous venons de là. Laissez-nous venir avec vous maître, Montrez-nous où vous vivez. '

' Venez. Mais savez-vous ce que vous demandez ? Celui qui me suit, va devoir tout quitter : son domicile, sa famille, sa manière de penser, sa vie aussi. Je ferai de vous mes disciples et mes amis si vous le souhaitez, mais je n'ai ni richesse ni protection. Je suis pauvre et je serai encore plus pauvre, dans la mesure où je n'aurai pas d'endroit où reposer ma tête. Et j'ai serai persécuté par mes ennemis, encore plus qu'une brebis perdue est persécutée par les loups. Ma doctrine est encore plus rigide que celle de Jean, parce qu'il a également interdit le ressentiment et ne se préoccupe pas tellement de questions externes mais de l'âme...Vous devez renaître si vous voulez être mes disciples. Êtes-vous prêt à faire cela? '

"Oui, maître. Seulement vous avez les mots qui peuvent nous donner lumière. Ils descendent sur nous et où il y avait que ténèbres et désolation parce que nous n'avions pas de guide, ils jettent la lumière et le soleil. '

"Venez, alors, laissez-nous aller. Je vais vous

enseigner en chemin. '

Et alors, ensemble, ils retournent vers les rives du lac de Galilée où Jean et Jacques, passent une journée dans l'hospitalité d'un ami des parents de Jésus.

Jean Et Jacques Parlent A Pierre Du Messie

C'est une aube très claire sur le lac de Galilée ; le ciel et l'eau scintillent avec des éclairs roses semblables à ceux doux sur les murs des petits vergers du village du lac où les arbres fruitiers s'élèvent des vergers et plient avec un feuillage hirsute lorgnant dans les allées.

Le village commence à remuer avec des femmes allant à la fontaine ou au lavoir, des pêcheurs déchargement des paniers de poissons ou marchandant les prix à voix très haute. Le village est assez grand et réparti le long du lac.

Sortant d'une petite rue, Jean marche rapidement vers le lac, calmement suivie par Jacques. Au bord du lac, Jean scanne les bateaux déjà à terre et ne voyant pas celui qu'il cherche, il tourne son regard sur le lac et aperçoit le bateau à une centaine de mètres de la plage, manœuvrant son chemin dans port. En tenant ses mains sur les côtés de la bouche pour projeter sa voix, il appelle, étendant de la note, du haut de sa voix :

'Ohé! '
Quand il obtient leur attention, il gesticule avec les deux bras pour dire 'Venez, venez. '

Ne sachant pas de quoi il s'agit, les hommes sur le bateau 's'appuient sur les avirons et le bateau accélère. Quand ils sont à une dizaine de mètres de la rive, Jean, ne voulant pas attendre plus longtemps, enlève son manteau, sa longue tunique et ses sandales et les jette sur le rivage. Puis levant sa tunique inférieure et la tenant d'une main contre son aine, il patauge dans l'eau pour atteindre le bateau qui arrive.

'Pourquoi n'êtes-vous pas venu tous les deux? ' demande Andrew tandis que Pierre boude en silence.

'Et pourquoi n'es-tu pas venu avec Jacques et moi? ' répond Jean à Andrew.

'Je suis allé pêcher. Je n'ai pas de temps à perdre. Vous avez disparu avec cet homme... '

"J'ai fait signe pour vous de venir. C'est lui. Vous devriez entendre ses paroles ! Nous sommes restés avec lui toute la journée jusque tard dans la nuit. Nous sommes maintenant venus pour vous dire: 'Venez '.

"Est-ce vraiment lui ? Es-tu sûr? Nous l'avons seulement vu alors, lorsque Jean-Baptiste nous l'a désigné.'

'C'est lui. Il ne le nie pas. '

"N'importe qui peut dire tout ce qui lui convient pour s'imposer aux dupes. Ce n'est pas la première fois... "grogne Pierre.

' Oh Simon ! Ne dis pas cela ! Il est le Messie ! Il sait tout ! Il vous entend. ' avertit Jean, attristé et consterné.

' Bien sûr ! Le Messie ! Et il se révèle à vous, Jacques et Andrews ! Trois pauvres pêcheurs ! ... "se moque Pierre. '...Il va falloir bien plus que cela au Messie ! ...Et il m'entend ! Hein ! Mon pauvre garçon. Le premier soleil printanier a endommagé ton cerveau ! Allez, viens et travaille un peu. C'est beaucoup mieux. Et oublies ces contes de fées! "

'Je vous le dis, il est le Messie ! Jean a dit des choses saintes, mais il parle de Dieu. Qui n'est pas Christ ne peut pas dire de telles choses. '

'Simon, je ne suis pas un garçon. Je suis assez vieux et je suis composé et réfléchi. Vous savez que...
"Plaide Jacques. '...Je ne parlais pas beaucoup mais j'ai écouté beaucoup pendant les heures que nous avons passé avec l'agneau de Dieu, et je peux vous dire que vraiment il peut être le Messie ! Pourquoi ne le croyez-vous pas ? Pourquoi ne voulez-vous pas croire ? Peut-être parce que vous ne l'avez pas entendu mais je le crois. Nous sommes pauvres et ignorants ? Eh bien, il dit qu'il vient d'annoncer l'Évangile du Royaume de Dieu et du Royaume de la paix pour les plus pauvres, les humbles et les petits avant les grands...Il a dit: "les grands ont déjà leurs délices. Ce ne sont pas des délices enviables à ceux que je suis venu vous apporter. Les grands sont déjà capables de comprendre par le biais de leur culture. Mais je suis venu pour les 'petits ' d'Israël et du monde, à ceux qui pleurent et espèrent, à ceux qui

cherchent la lumière et souffrent de la faim pour la vraie manne, à qui les hommes instruits ne donnent pas de lumière ni de nourriture, mais seulement des charges, de l'obscurité, des chaînes, du mépris...Et j'appelle les 'petits '. Je suis venu mettre le monde à l'envers car je vais baisser ce qui est maintenant tenu haut et élever ce qui est maintenant dédaigné... laissez ceux qui veulent la vérité et la paix, qui veulent la vie éternelle, venir à moi...Ceux qui aiment la lumière, qu'ils viennent à moi...Je suis la lumière du monde. '...N'a-t-il pas dit cela Jean? '

' Oui. Et il a dit: 'le monde ne m'aimera pas. Le grand monde ne m'aimera pas parce qu'il est corrompu par les vices et l'idolâtrie. Non, le monde ne voudra pas de moi, parce qu'il est le rejeton de l'obscurité et donc n'aime pas la lumière...La terre n'est pas seulement faite du grand monde, mais aussi de ceux qui, mélangés avec le monde, ne sont pas du monde. Il y a ceux qui font partie du monde parce qu'ils ont été emprisonnés en lui, comme des poissons dans un filet. '...Il a dit exactement cela parce que nous parlions sur la rive du lac et il a montré des filets qui étaient tirés à terre avec des poissons dedans. Non, il a dit: "Voyez. Aucun de ces poissons ne voulait être pris dans le filet. De plus, les hommes ne voudraient pas intentionnellement être la proie de Mammon. Pas même les plus méchants qui, aveuglés par l'orgueil, ne croient pas qu'ils n'ont pas le droit de faire ce qu'ils font. Leur péché réel est la fierté. Tous les autres péchés croissent de lui...Ceux qui ne sont pas complètement méchant, aimeraient encore moins être la proie de Mammon. Mais ils tombent parce qu'ils sont futiles et en raison d'un poids qui les fait glisser vers le bas, qui est le péché d'Adam...Je viens de supprimer ce péché et tout en attendant l'heure de la rédemption, de donner à ceux qui croient en moi, la force qui leur permettra de se libérer des pièges que les attrapent et ainsi les rendant libres de Me suivre moi, la lumière du monde".

'Eh bien, si il a dit cela, nous devons aller le voir immédiatement. ', dit Pierre, impulsif mais authentique, se hâtant de décharger le bateau maintenant échoué sur le rivage. Ils déchargent des filets, des cordages et des voiles... "et vous, Andrew idiot, pourquoi n'êtes-vous pas allé avec eux?!'

"Mais...Simon ! Vous me faisiez des reproches parce que je ne l'ai pas persuadé de venir avec moi...Vous avez grogné toute la nuit, et maintenant, vous me reprenez parce que je n'y suis pas allé?! '

'Vous avez raison...Mais je ne l'ai pas vu... vous si... et vous devez avoir vu qu'il n'est pas comme nous...Il doit avoir quelque chose de convaincant!...'

' Oh ! Oui. "dit Jean. 'Son visage ! Ses yeux ! Quels beaux yeux, ne le sont-ils pas Jacques? ! Et sa voix!...Oh ! Quelle voix ! Quand il parle, vous semblez rêver des cieux. '

"Vite, vite. Allons le voir ' dit Pierre avec impatience et puis s'adressant aux autres pêcheurs, il dit 'Amenez tout à Zébédée et dites-lui de faire ce qu'il pense être le mieux. Nous serons de retour ce soir à temps pour aller à la pêche. '

Ils s'habillent tous et s'en vont, mais Pierre s'arrête après quelques mètres, saisit la main de Jean et demande 'vous avez dit qu'il sait tout et entend tout?...'

"Oui, j'ai dit. Il suffit de penser : lorsque nous avons vu la lune haute dans le ciel la nuit dernière, j'ai dit: 'Je me demande ce que fait Simon maintenant ' et il a dit: 'il jette son filet et il ne peut pas reposer son esprit parce qu'il a à faire tout lui-même, puisque vous n'êtes pas sortis pas avec le bateau jumeau sur une telle bonne soirée pour la pêche... il ne sait que dans peu de temps, il pêchera avec des filets différents et attrapera des poissons différents. '

' Sainte Miséricorde ! C'est vrai ! Eh bien, il aura également entendu... aussi que je l'ai appelé un peu moins qu'un menteur...Je ne peux pas aller le voir! '

' Oh ! Il est si bon. Il sait certainement ce que vous pensiez. Il savait déjà parce que lorsque nous lui avons dit nous revenions à vous, il a dit: "Allez. Mais ne laissez pas les premiers mots de mépris vous décourager. Qui veut venir à moi doit être en mesure de faire des progrès contre les mots ricanant du monde et les interdictions des parents. Parce que je suis au-dessus du sang et de la société et je l'emporte sur eux. Et qui est avec moi triomphera aussi pour toujours."...Il a également dit : n'ayez pas peur de parler. L'homme qui écoute viendra, parce que c'est un homme de bonne volonté. '

"C'est ce qu'il dit ? Eh bien, je viendrai. Parlez, parlez de lui pendant que nous allons. Où est-il? '

"Dans une maison pauvre ; ils doivent être ses amis. '

'Il est pauvre? '

'Un ouvrier de Nazareth, disait-il. '

'Et comment vit-il maintenant si il ne travaille plus? '

'Nous ne lui avons pas demandé. Peut-être, ses proches l'aident-ils. '

"Cela aurait été mieux si nous avions apporté du poisson, du pain et des fruits... quelque chose. Nous allons consulter un rabbin,... parce qu'il est comme...Il est plus qu'un rabbin et nous allons bredouilles ! Nos rabbins n'aiment pas ça... '

"Mais lui si. Nous avions à peine vingt centimes à nous deux, Jacques et moi et nous lui avons offerts, comme d'habitude avec les rabbins, mais il n'en voulut pas. Mais puisque nous avons tellement insisté, il a dit: "que Dieu vous récompense avec la bénédiction des pauvres. Venez avec moi " et il les a donné à des personnes pauvres : il savait où elles vivaient. Et quand nous lui avons demandé : maître, ne gardez-vous rien pour vous-même? " Il a répondu: "la joie de faire la volonté de Dieu et de servir sa gloire...Nous avons également dit : vous nous appelez, maître, mais nous sommes tous pauvres, que nous apporterons vous? " Il a répondu avec un sourire qui nous a fait jouir des délices du paradis: 'Je veux un grand trésor de vous ',... et nous avons dit 'mais nous n'avons rien ' et il a répondu : **'un trésor avec sept noms, que, même les plus pauvres peuvent avoir tandis que les riches ne l'ont pas. Vous l'avez, et je le veux. Écouter les noms : charité, foi, bonne volonté, intention juste, continence*, sincérité,**

esprit de sacrifice. C'est ce que je veux de mes disciples. Seulement cela. Et vous l'avez... c'est en sommeil, comme la graine sous une motte l'hiver, mais le soleil printanier le fera germer en un épi septuple. ' C'est ce qu'il a dit. '

' Ah ! Maintenant, je pense qu'il est un vrai Rabbin, le Messie promis ! Il n'est pas dur avec les pauvres, il ne demande pas d'argent...Il suffit de l'appeler le Saint homme de Dieu. Nous pouvons aller en toute sécurité. '

* La continentes est l'exercice de la modération en matière sensuelle comme en ce qui concerne la nourriture, la boisson, le confort, l'image et les convoitises, ainsi que sur les autres questions de la chair, l'esprit et ses désirs, le cœur et ses passions.

Première Rencontre Entre Pierre Et Le Messie

Jésus, seul, marche le long d'un chemin d'accès entre deux champs, dans une direction opposée à celle de Jean qui se presse le long d'un chemin dans les champs, ses cheveux blond-brun ondulant à chaque pas. Son visage est rose et imberbe, le teint d'un jeune, à peine un homme. Il n'y a aucun signe d'une moustache, seulement la douceur de ses joues, ses lèvres rouges et son sourire éclatant. Il a un regard pur à cause de la clarté de son âme virginale qui brille à travers ses yeux bleu turquoise.

Jésus, seul sur un chemin séparé entre deux champs, marche dans la direction opposée.

Lorsque Jean s'apprête à passer à travers la haie, il crie 'Maître! '

Jésus s'arrête et se retourne, souriant.

'Maître, je vous ai tant attendu!' Les gens dans la maison où vous vivez m'ont dit que vous étiez venu vers la campagne, mais ils n'ont pas dit où. J'avais peur de ne pas vous rencontrer ', déclare Jean, sa tête légèrement baissée, respectueusement. Son attitude et ses yeux sont pleins d'amour véridique et alors qu'il parle, avec la tête toujours inclinée vers son épaule, il pose ses yeux turquoise sur Jésus.

'J'ai vu que vous me cherchiez et je suis venu vers vous. '

'Vous m'avez vu ? Où étiez-vous maître? '

'Là-bas ' et il montre un groupe d'oliviers, loin de là. "J'étais là-bas. J'ai été prier et réfléchir à ce qu'il faut dire ce soir à la synagogue. Mais je suis parti dès que je vous ai vu. '

'Mais comment pouviez-vous me voyez, si je peux difficilement voir l'endroit, caché comme il est derrière la haie? '

'Et pourtant, vous voyez, je suis ici. Je suis venu à votre rencontre parce que je vous ai vu. Ce que l'œil ne fait pas, l'amour fait. '

"Oui, l'amour fait. Vous m'aimez donc, maître? "

'Et vous m'aimez, Jean, fils de Zébédée? '

'Tellement, maître. Je pense que je vous ai toujours aimé. Avant de vous rencontrer, bien avant, mon âme était à votre recherche, et quand je vous ai vu, mon âme m'a dit: 'Voici celui que vous recherchez '. Je pense que je vous ai rencontré parce que mon âme vous a perçue.'

'Vous l'avez dit, Jean, et ce que vous dites est juste. Aussi, je suis venu vers vous parce que mon âme vous a perçue. Jusqu'à quand m'aimerez-vous? "

'Pour toujours, maître. Je ne veux plus aimer quelqu'un d'autre que vous.'

"Vous avez un père et une mère, des frères et sœurs, vous avez votre vie, et avec votre vie, vous avez une femme et de l'amour. Comment serez-vous capable de laisser tout ça à cause de moi? '

' Maître...Je ne sais pas... mais je pense que, si ce n'est pas de la fierté de le dire, que votre adoration prendra la place de père et mère, frères et sœurs et aussi d'une femme. Je serai compensé pour tout si vous m'aimez. '

'Et si mon amour devait vous causer des souffrances et des persécutions? '

'Elles seront rien si vous m'aimez. '

'Et le jour où je devais mourir... '

' Non ! Vous êtes jeune, Maître... Pourquoi mourir? '

'Parce que le Messie est venu prêcher la loi dans sa véracité et accomplir la rédemption. Et le monde déteste la Loi et ne veut pas de rédemption. C'est pourquoi ils persécutent les messagers de Dieu. '

' Oh ! Que cela ne soit jamais ! Ne mentionnez pas cette prédiction de mort à celui qui vous aime! ...Mais

si vous devez mourir, je vous aimerais encore.
Permettez-moi de vous aimer. ' Jean implore, sa tête
s'inclinant maintenant plus bas que jamais car il
marche à côté de Jésus.

Jésus s'arrête et le scrute avec ses profonds yeux
pénétrants et puis pose sa main sur la tête inclinée de
Jean 'Je veux que vous m'aimiez. '

' Oh ! Maître ! 'Jean exhale avec bonheur, ses yeux
brillants de larmes, sa bouche bien faite souriante. Il
prend et embrasse le dos de la main divine et il
l'appuie sur son cœur. Ils se mettent à marcher de
nouveau.

'Vous avez dit que vous me cherchiez... '

'Oui, pour vous dire que mes amis veulent vous
rencontrer... Et parce que, oh ! Comme j'avais envie
d'être avec vous à nouveau ! Je vous ai laissé il y a
seulement quelques heures... mais je ne pouvais plus
être sans vous. '

'Avez-vous donc été un bon annonciateur du mot? '

'Jacques aussi, maître, a parlé de vous, de manière
à... les convaincre. '

'Alors, aussi celui qui n'avait aucune confiance - et
n'est ne pas à blâmer parce que sa réserve est en
raison de prudence - est maintenant convaincu.
Allons leur donner une pleine assurance. '

'Il était un peu apeuré... '

' Non ! Pas peur de moi ! Je suis venu pour les bonnes

gens et encore plus pour ceux qui sont dans l'erreur. Je veux sauver des gens, pas les condamner. Je serai plein de miséricorde avec les honnêtes gens. '

'Et avec les pécheurs? '

"Aussi. Par des gens malhonnêtes, je veux dire ceux qui sont spirituellement malhonnêtes et feignent hypocritement d'être bon, alors qu'ils font des actes mauvais. Et ils le font pour leur propre profit, afin d'obtenir un avantage par rapport à leurs voisins. Je vais être sévère avec eux. '

' Oh ! Simon ne doit pas s'inquiéter alors. Il est plus fidèle que n'importe qui '

'C'est ce que j'aime, et je tiens à ce que vous soyez tous ainsi. '

'Simon veut vous dire beaucoup de choses. '

"Je vais l'écouter après avoir parlé à la synagogue. Je leur ai demandé d'informer les gens pauvres et les malades, en plus des riches et ceux en bonne santés. Ils sont tous en besoin de l'Évangile. '

Près du village, ils rencontrent quelques enfants qui jouent sur la route. Un des enfants se jette aux pieds de Jésus et il serait tombé si Jésus n'avait pas été prompt à le retenir. L'enfant pleure tout de même, comme s'il avait été blessé et Jésus, le tenant dans ses bras, dit 'Un israélite qui pleure? ' qu'auraient dû faire les milliers d'enfants, qui sont devenus des hommes en traversant le désert avec Moïse ? Et le

Seigneur très haut leur a envoyé une douce manne car il adore les enfants innocents et s'occupe de ces petits anges de la terre, ces petits oiseaux sans ailes, comme il s'occupe des moineaux des bois et des villes. Vous aimez le miel ? Oui ? Eh bien, si vous êtes bon, vous allez manger du miel qui est plus doux que le miel de vos abeilles. '

' Où ? Quand? '

'Quand, après une vie de fidélité à Dieu, vous irez à lui. '

"Je sais que je ne peux pas y aller à moins que le Messie ne vienne. Ma mère dit que maintenant, nous en Israël, sommes comme beaucoup de Moïse et nous mourons en voyant la terre promise. Elle dit que nous sommes là, attentant d'y aller et que seul le Messie nous fera entrer. '

"Quel intelligent petit Israélite! Eh bien, je vous le dis que quand vous mourez, vous irez au paradis immédiatement parce que le Messie aura déjà ouvert les portes du ciel. Mais vous devez être bon. '

'Maman ! Maman!... ' Pleure l'enfant, glissant du des bras de Jésus et courant ensuite vers une jeune femme, qui rentre dans sa maison, portant une amphore en cuivre. '... Maman! Le nouveau rabbin m'a dit que je vais aller au paradis en même dès que je meurs et je vais manger tellement de miel...Si je suis bon. Je vais être bon! "

'Dieu l'accorde ! Je suis désolé, maître, si il vous a embêté. Il est si vif! '

' L'innocence ne trouble pas, femme. Que Dieu vous bénisse car vous êtes une femme qui élève ses enfants dans la connaissance de la Loi. '

La femme rougit au compliment. 'Que la bénédiction du Seigneur soit avec vous aussi. ' Répond elle, puis elle disparaît avec son petit.

'Vous aimez les enfants, maître? '

'Oui, je les aime, parce qu'ils sont pures... sincère... et affectueux. '

'Avez-vous des neveux maître? '

"Je n'ai que ma mère...Il y a en elle pureté, sincérité, l'amour des enfants très Saints, ainsi que la sagesse, la justice et le courage des adultes. J'ai tout en ma mère, Jean. "

'Et vous l'avez quittée? '

'Dieu est haut-dessus, aussi, de la mère Sainte. '

'Vais-je la rencontrer? '

'Oui, vous la rencontrerez. '

'Et elle m'aimera? '

'Elle vous aimera parce qu'elle aime ceux qui aime son Jésus. '

'Alors, vous n'avez aucuns frères? '

'J'ai des cousins du côté du mari de ma mère. Mais tout homme est mon frère, et je suis venu pour tout le monde. Ici, nous sommes maintenant, à la synagogue. Je vais et vous Me rejoindrez avec vos amis. '

Jean s'en va et Jésus pénètre dans la synagogue, une salle carrée avec un dispositif de lampes triangulaires, de lutrins et de rouleaux de parchemin et une foule qui attend et prie. Jésus prie également. La foule murmure derrière lui alors qu'il s'incline devant le chef de la synagogue, salue et demande un rouleau au hasard.

Puis il commence sa leçon:

'l'esprit Me fait vous lire ce qui suit de Jérémie 7: 'Yahvé Sabaoth, le Dieu d'Israël, dit ceci : modifiez votre comportement et vos actions et je resterai avec vous ici en ce lieu. Aucune confiance en des mots illusoires comme ceux-ci : c'est le sanctuaire de l'Éternel ! Le sanctuaire d'Yahvé, le sanctuaire d'Yahvé ! Mais si vous modifiez votre comportement et vos actions, si vous traitez l'autre justement, si vous n'exploitez pas l'étranger, l'orphelin et la veuve, si vous ne perdez pas de sang innocent dans cet endroit et si vous ne suivez pas les dieux étrangers, à votre propre ruine, alors ici, dans ce lieu, je vais rester avec vous, dans la terre qu'il y a longtemps, j'ai donné à votre père pour toujours ' ".

Ecoute, Israël. Me voici pour éclairer, pour vous, les mots de lumière, que vos âmes estompés ne peuvent plus voir ou comprendre. Ecoutez. Il y a beaucoup de pleurs dans la terre du peuple de Dieu : les vieillards pleurent le souvenir des gloires passées, les adultes pleurent parce qu'ils sont courbés sous le joug, les enfants pleurent parce qu'ils n'ont aucune perspective de gloire future. Mais la gloire de la terre n'est rien comparé à une gloire qu'aucun oppresseur, sauf Mammon et la mauvaise volonté, ne peut ôter.

Pourquoi pleurez-vous ? Parce que le très-haut, qui a toujours été bon pour son peuple, a tourné son visage ailleurs et ne permet plus à ses enfants de voir son visage. Il n'est pas le Dieu qui sépara la mer, la faite traverser à Israël, les conduisit à travers le désert, les nourrit et les défendit contre leurs ennemis... et qu'ils ne puissent pas perdre le chemin vers le ciel, il leur a donné une loi pour leurs âmes comme il leur a envoyé un nuage pour leur corps ? ...Il n'est plus le Dieu qui adoucit les eaux et envoyait des mannes à ses enfants usés ? N'est-il pas le Dieu qui voulait vous s'installer dans ses terres et faire alliance avec vous comme père avec ses enfants ? Eh bien, alors, pourquoi l'étranger vous a-t-il frappé ?

Beaucoup parmi vous marmonnent: 'Et pourtant, le temple est ici!' Il ne suffit pas d'avoir le Temple et d'aller y prier Dieu. Le premier temple est situé au cœur de chaque homme et c'est là où il faut dire les prières Saintes... Mais une prière ne peut pas être Sainte à moins que le cœur d'abord ne modifie sa façon de vivre et avec son cœur, l'homme modifie également ses habitudes, ses affections, ses règles de justice envers les pauvres, les serviteurs, les membres de sa famille et Dieu.

Maintenant, regardez. Je vois des hommes riches

insensibles qui font de riches offrandes au Temple mais ne disent jamais à un pauvre homme: 'mon frère, voici un morceau de pain et un sou. Prenez-les, d'homme à homme, and ne laissez pas mon aide vous décourager que mon offrande ne puisse pas me rendent fier."...Je vois des gens qui, dans leurs prières, se plaignent à Dieu, parce qu'il n'entend pas leurs prières tout de suite ; puis, quand un pauvre malheureux, très souvent un parent, leur dit: 'écoutez-moi ' sans pitié, ils répondent 'Non '...Je vous vois pleurer parce que votre argent est coincé hors de vos poches par votre souverain. Mais alors, vous pressez le sang hors de ceux qui que vous haïssez et vous n'êtes pas remplis d'horreur lorsque vous ôtez le sang et la vie d'un corps.

Ô Israël ! Le temps de la rédemption est venu. Préparer ses manières dans vos cœurs avec bonne volonté. Être honnête... bon... aimer...Les riches ne doivent pas mépriser les pauvres, les marchands ne doivent pas frauder... les pauvres ne doivent pas envier les riches. Vous êtes tous d'un seul sang et vous appartenez à un seul Dieu...Vous êtes tous appelés à un destin. Ne te fermes pas, avec tes péchés, les cieux que le Messie ouvrira pour vous. Vous avez a erré jusqu'à présent ? N'errez n'est plus. Abandonnez toutes les erreurs.

La Loi est simple, facile et bonne, comme elle remonte aux dix commandements originaux, éclairés par la lumière de l'amour. Venez. Je vais vous montrer ce qu'ils sont : amour, amour, amour. Amour de Dieu pour vous. Votre amour pour Dieu. Amour pour vos voisins. Toujours l'amour, car Dieu est amour, et ce sont les enfants du père qui savent comment vivre l'amour.

Je suis ici pour tout le monde et pour donner à tout le monde la lumière de Dieu. Voici le mot du père qui devient de la nourriture pour vous. Venez, goûter, changer le sang de vos esprits avec cet aliment. Laissez tout poison disparaitre, laissez tous désirent mourir. Une gloire nouvelle s'offre à vous : l'éternelle, à laquelle viendront tous ceux dont le cœur aura vraiment étudié la Loi de Dieu.

Démarrez de l'amour, il n'y a rien de plus. Lorsque vous saurez comment aimer, vous saurez déjà tout et Dieu vous aime et l'amour de Dieu signifie aide contre toutes les tentations. Que la bénédiction de Dieu soit à ceux qui se tournent vers Dieu avec leur cœur plein de bonne volonté. '

Jésus ne dit rien. Les gens chuchotent. Puis ils chantent des hymnes, dont beaucoup sont des Psaumes, avant d'arrêter.

Jésus sort sur la petite place et trouve Jean, Jacques, Pierre et Andrew attendant à la porte.

'Paix à vous... ' Les salue Jésus...Voici l'homme qui afin d'être juste, ne doit pas juger avant de connaître, mais être honnête en admettant qu'il a tort. Simon, vous vouliez Me Voir ? Je suis là. Et vous, Andrew, pourquoi n'êtes-vous pas venu avant? '

Les deux frères se regardent, embarrassé, et puis Andrew murmure 'Je n'ai pas osé. '

'Pierre rougit mais ne parle pas. Mais quand il entend Jésus demander à Andrew ' faisiez-vous mal en venant ? Il ne faut pas oser faire seulement des choses mauvaises. ' Pierre intervient: 'C'est ma faute... ' Dit-il franchement '...Il voulait m'amener à vous tout de suite, mais j'ai...J'ai dit...Oui, j'ai dit 'Je n'y crois pas' et je ne voulais pas venir. Oh ! Je me sens mieux maintenant!...'

Jésus sourit et dit alors: 'Et à cause de votre sincérité, je vous dis que je vous aime. '

"Mais j'ai...Je ne suis pas bon...Je ne suis pas capable de faire ce que vous dites dans la synagogue. Je suis rapidement tenté et si quelqu'un m'offense hein ! Je suis gourmand et j'aime l'argent... et dans mon entreprise de poissons hein ! Pas toujours...Je n'ai pas toujours été honnête. Et je suis ignorant. Et j'ai peu de temps pour vous suivre pour recevoir votre lumière. Que dois-je faire ? J'aimerais devenir comme vous le dites... mais... "

"Ce n'est pas difficile, Simon. Vous un peu familier avec les écritures ? L'êtes-vous ? Eh bien, pensez au prophète Michée. Dieu veut de vous ce que dit Micah. Il ne vous demande pas de déchirer votre cœur, ni ne vous demande-t-il de sacrifier votre affection très Sainte. Il ne vous demande pas pour le moment. Un jour, sans demande de Dieu, vous vous donnerez vous-même à Dieu...Mais il attendra alors que le soleil et la rosée vous transforment, une lame mince d'herbe que vous êtes maintenant, dans un solide palmier glorieux. Pour l'instant, il vous demande seulement ceci : d'être juste, d'aimer la miséricorde, de prendre le plus grand soin dans la suite de votre Dieu. Efforcez-vous de faire cela et le passé de Simon sera annulé et vous deviendrez un homme nouveau, l'ami de Dieu et de son Christ. Plus de Simon, mais Cephas * le rocher sûre sur lequel je m'appuis.

'J'aime ça ! Je comprends cela. La Loi est donc... est donc... c'est, je ne peux pas m'y conformer plus longtemps, comme les rabbins l'ont fait. Mais ce que vous dites, oui... Je pense que je serai capable de le faire. Et vous allez m'aider...Vous séjournez dans cette maison ? Je connais le propriétaire. '

'Je reste ici. Mais je vais à Jérusalem, et après, je prêcherai à travers la Palestine. Je suis venu pour cela. Mais je serai souvent ici. '

'Je vais venir, pour vous entendre à nouveau. Je veux être votre disciple...Un peu de la lumière entrera dans ma tête. '

'Votre cœur, par-dessus tout, Simon...Votre cœur...Et vous, Andrew... vous n'avez rien à dire? "

'Je suis à l'écoute, maître. '

'Mon frère est timide. '

"Il va devenir un lion. Il devient sombre. Puisse Dieu vous bénir et vous accorder une bonne pose. Allez maintenant. '

'La paix soit avec vous '.

Et ils partent.

'Je me demande ce qu'il voulait dire quand il a dit que je pêcherai avec d'autres filets et capturerai des poissons différents. ' dit Pierre dès qu'ils sont dehors.

'Pourquoi ne lui avez-vous pas demandé? ' Vous vouliez dire tant de choses, mais vous n'avez guère parlé. '

' J'ai... été timide. Il est si différent de tous les autres rabbins!'

'Maintenant, il va à Jérusalem... ' Dit Jean, avec beaucoup de lassitude et de nostalgie. "Je voulais lui demander si il me laisserait aller avec lui...Mais je n'osais pas... '

'Allez et demandez-lui maintenant mon garçon... ' L'encourage Pierre '...Nous l'avons quitté ainsi... sans un mot d'affection. Laissez-lui au moins savoir qu'on l'admire. Je vais le dire à votre père. '

'Dois-je y aller, Jacques? '

'Allez '.

Jean s'enfuit... Et il revient en courant fou de joie "je lui ai dit: 'Voulez-vous que je vienne à Jérusalem avec vous? ' Il a répondu: 'Viens, mon ami. '...Ami, il m'a dit ! Demain, je serai ici en cette heure. Ah ! À Jérusalem avec lui!...'

* Cephas signifie rocher.

Jésus Rencontre Philippe Et Nathanaël

Jean frappe à la porte de la maison où Jésus demeure et est invité à entrer par une femme qui appelle ensuite Jésus. Ils se saluent avec une salutation de paix.

'Vous êtes venus tôt, Jean'

"Je suis venu vous dire que Pierre vous invite à passer par Bethsaïde. Il a parlé de vous à beaucoup gens...Nous ne sommes pas allés pêcher la nuit dernière. Nous avons prié aussi bien que nous le pouvions et nous avons abandonné le profit... parce que le Sabbat n'était pas encore terminé. Et ce matin, nous avons traversé les rues en parlant de vous...Il y en a beaucoup qui voudraient vous entendre...Viendrez-vous, maître? "

'Je le ferai, mais je dois aller à Nazareth avant d'aller à Jérusalem '

'Pierre vous emmènera de Bethsaïde à Tibériade dans son bateau. Ce sera plus rapide pour vous "

'Allons-y alors. '

Jésus prend son manteau et son sac à dos, mais Jean le soulage du sac à dos. Ils disent au revoir à l'hôtesse et puis quittent le village de Capharnaüm, sur les rives du lac Galilée au coucher de soleil, voyageant de nuit pour arriver à Bethsaïde le lendemain matin.

Quand ils arrivent à Bethsaïde, ils trouvent Pierre, Andrew, Jacques et leurs épouses les attendant à l'entrée du village.

'Que la paix soit avec vous. Me voici. '

"Nous vous remercions, maître, également au nom de ceux qui vous attendent. Ce n'est pas le Sabbat aujourd'hui mais parlerez-vous vos paroles à ceux qui attendent de vous entendre? '

'Oui, Pierre, je le ferai. Dans votre maison. '

'Venez alors... ', Dit Pierre, ravi. '...Voici ma femme et voici la mère de Jean... et là ce sont leurs amis. Mais il y a d'autres personnes qui vous attendent : certains de nos proches et amis. '

'Dites-leur que je leur parlerai ce soir, avant que je parte. '
"Maître... s'il vous plaît, restez une nuit chez moi. La route de Jérusalem est longue, même si je la raccourcis en vous menant à Tibériade en bateau. Ma maison est pauvre, mais honnête et sympathique. Restez avec nous ce soir. '

Jésus regarde Pierre et à tous les autres attendant. Il les regarde avec curiosité. Puis, il sourit et dit 'Oui, je vais rester. '

Pierre est très heureux ! Les gens regardent par leurs portes et échangent des regards alors que la petite fête se promène à travers le village jusqu'à la maison de Pierre. Un homme appelle Jacques par son nom, parle avec lui à voix basse, pointant vers Jésus. Jacques acquiesce et l'homme va et parle à d'autres personnes debout à la croisée des chemins.

Ils arrivent à la maison de Pierre et entrent. Il y a une grande cuisine enfumée, des filets, des cordes et des paniers de pêche dans un coin, un foyer long et bas - non éclairé - au milieu, deux portes face à face, l'une menant à la rue, au-delà de laquelle l'ondulation du lac bleu-ciel est visible, et l'autre dans le jardin de la cuisine où il y a un figuier et quelques vignes, au-delà desquels est le muret sombre d'une autre maison.

'Je vous offre ce que j'ai Maître, du mieux que je sache le faire... '

'Vous ne pourriez pas offrir plus ni mieux, parce que vous faites votre offre avec amour. '

'Ils donnent à Jésus un peu d'eau pour se rafraîchir, et puis du pain et des olives, desquels il prend quelques bouchées pour leur faire plaisir, les remercie et puis ne mange pas plus.

Des enfants curieux regardent à l'intérieur depuis le potager et la rue et Pierre fronce les sourcils aux intrus pour les garder à l'extérieur mais Jésus sourit et dit 'Laissez-les. '

'Maître, vous voulez vous reposer ? Ma chambre est ici... et celle d'Andrew est là-bas. Faites votre choix. Nous ne ferons pas de bruit pendant que vous vous reposez. '

'Vous avez une terrasse? '

' Oui. Et la vigne, même si elle est encore presque nue, donne un peu d'ombre. '

'Alors amène-moi là-haut. Je préfère m'y reposer. Je vais réfléchir et prier. '

"Comme vous le souhaitez. Venez.'

Ils montent un petit escalier à l'extérieur qui s'élève du potager jusqu'au toit où il y a une terrasse entourée d'un muret. Il n'y a aucun filets ni aucune cordes sur la terrasse mais beaucoup de lumière claire... quelle belle vue du lac bleu !
Jésus s'assoit sur un tabouret et s'appuie contre le mur tandis que Pierre s'affaire avec une voile, l'étendant sur la vigne pour fournir de l'ombre du soleil. Il y a une brise et le silence, et Jésus est visiblement heureux.

'Je pars, maître. '

' Allez. Allez avec Jean et dites aux gens que je parlerai ici au coucher du soleil. '

A part pour deux paires de colombes qui vont et viennent de leur nid et le gazouillement des moineaux, il y a un silence complet et Jésus est seul et prie pour une longue période, alors que les heures passent paisiblement et tranquillement.

Puis il se lève et se promène autour de la terrasse, regarde le lac, sourit à des enfants qui jouent dans la rue et ils lui sourient en retour. Il regarde plus loin le long de la rue à la petite place environ une centaine de mètres de la maison de Pierre, puis va en bas et regarde dans la cuisine "Femme, je pars pour une promenade sur la rive."

Puis il sort et se promène le long de la plage, près d'onze enfants qui jouent. 'Que faites-vous ? ' Leur demande-t-Il.

"Nous avons voulu jouer à la guerre. Mais il ne veut pas donc nous jouons à la pêche. '
Le garçon qui ne veut pas jouer à la guerre a un visage pâle, un fragile du petit bonhomme.

"Il a raison. La guerre est une punition de Dieu pour châtier les hommes, et c'est un signe que l'homme n'est donc plus un vrai fils de Dieu...Lorsque le très-haut a créé le monde, il a fait toutes choses : le soleil, la mer, les étoiles, les fleuves, les plantes, les animaux mais il n'a pas fait les armes...Il créa l'homme et lui donna des yeux pour qu'il puissent jeter des regards amoureux, une bouche pour dire des mots d'amour, des oreilles à l'écoute de ces mots, les mains pour donner de l'aide et caresser, des pieds pour courir vite et aider nos voisins dans le besoin et un cœur capable d'aimer...Il a donné à l'homme intelligence, les discours, les affections et les goût...Mais il ne donna pas de haine à l'homme. Pourquoi?...
...Parce que l'homme, une créature de Dieu, devait

être amour comme Dieu est amour. Si l'homme était resté une créature de Dieu, il aurait persévéré dans l'amour et la famille humaine n'aurait connu ni la guerre ni la mort. '

'Mais il ne veut pas faire la guerre parce qu'il perd toujours. '

" Jésus sourit. "Nous ne devons pas réprimander ce qui est nocif pour nous tout simplement parce que c'est dangereux pour nous. Nous devons réprouver une chose, quand elle est nocive pour tout le monde...Si une personne dit: 'Je ne veux pas de cela parce que je perdrais ', cette personne est égoïste. Au lieu de cela, le bon enfant de Dieu dit: 'frères, je sais que j'allais gagner mais je vous le dis : nous ne devons pas faire cela parce que vous subirez une perte ". Oh ! Cet homme a compris le principal précepte ! Qui peut Me dire quel est le principal précepte?'

Les onze enfants disent ensemble 'Tu aimeras ton Dieu avec toute ta force et ton prochain comme toi-même. '

' Oh ! Vous êtes des enfants intelligents. Vous allez tous à l'école? '

'Oui, nous y allons. '

'Qui est le plus intelligent? '

'Lui. ' C'est le frêle petit bonhomme qui ne veut pas la guerre.

'Comment t'appelles-tu? '

'Joel '.

"Un grand nom ! "...Que le faible dise: ' je suis fort!
" Mais fort en quoi ? Dans la loi du vrai Dieu, d'être parmi ceux qui, dans la vallée de la décision, il jugera être ses saints...Mais le jugement est déjà près. Pas dans la vallée de la décision, mais sur la montagne de la rédemption. Là, le soleil et la lune deviendront foncés de tristesse, les étoiles vont trembler et pleurer des larmes de pitié, et les enfants de la lumière seront jugés et séparés des enfants des ténèbres. Et l'ensemble d'Israël saura que son Dieu est venu. Heureux ceux qui l'aurait reconnu. Miel, lait et eau douce descendront dans leurs cœurs et les épines deviendront des roses éternelles...Qui d'entre vous veut être parmi ceux qui seront jugés les saints de Dieu? '

'Moi ! Moi! Moi! '

'Vous adorerez le Messie alors? '

' Oui ! Oui ! Vous ! Vous ! C'est vous que nous aimons. Nous savons qui vous êtes ! Simon et Jacques nous ont dit, et nos mères nous ont dit. Emmenez-nous avec vous! '

"Oui, je vous prendrai si vous êtes bon. Plus de mauvais mots, plus aucune arrogance, querelles, plus de réponses à vos parents. Prière, travail, étude et obéissance. '

'Et je vous aimerez et viendrai avec vous ' et les

enfants se réunissent tous autour de Jésus dans son vêtement bleu comme un pétale de couleur joyeuse autour d'un long pistil bleu profond.

Un homme âgé s'approche du groupe avec curiosité et quand Jésus se retourne pour caresser un enfant qui tire sur son manteau, il voit l'homme et le regarde avec son intense regard palpant. L'homme rougit, salue, mais alors ne dit rien d'autre.

'Venez ! Suivez-moi, Philip! ' Dit Jésus, appelant l'homme par son nom.

'Oui, maître. '

Jésus bénit les enfants et puis marche jusqu'au petit jardin potager de Pierre et s'assied avec Philip.
'Voulez-vous être mon disciple? '

'Oui, je le veux... mais je n'ose pas tant en espérer. '

'Je vous ai appelé. '

'Alors je suis votre disciple. Me voici. '

'Me connaissiez-vous? '

"Andrew m'a parlé de vous. Il m'a dit: 'Celui pour qui vous languissiez est venu. ' Parce qu'Andrew savait que j'attendais le Messie. '

'Votre attente n'a pas été déçue. Il est en face de vous. '

'Mon maître et mon Dieu! '

"Vous êtes un Israélite bien intentionné. C'est pourquoi je me manifeste à vous. Un autre de vos amis est en attente, c'est aussi un Israélite sincère. Aller lui dire: 'Nous avons trouvé Jésus de Nazareth, le fils de Joseph, de la maison de David, lui, dont Moïse et les prophètes ont parlé. ' Allez. '

Jésus reste seul jusqu'à ce que Philip revienne avec Nathanaël-Bartholomée.

'Voici un vrai israélite, en qui il n'y a aucune supercherie. Que la paix soit avec vous, Nathanaël. '

'Comment me connaissez-vous? '

'Avant que Philip ne vienne vous appeler, je vous ai vu sous le figuier '

'Maître, vous êtes le fils de Dieu. Vous êtes le roi d'Israël! '

'Parce que j'ai dit je vous ai vu alors que vous méditiez sous le figuier, vous croyez ? Vous verrez de plus grandes choses que cela. Je vous dis solennellement que le ciel est ouvert et à cause de votre foi, vous verrez les anges monter et au-dessus du fils de l'homme. Autrement dit, au-dessus de moi, qui vous parle. '

'Maître, je ne suis pas digne d'une telle faveur! '

'Croyez en moi, et vous serez digne du ciel. Croyez-vous? '

'J'ai crois, Maître '.

Pendant ce temps, alors qu'approche le soir, une foule se rassemble sur la terrasse de Pierre et aussi dans la cuisine.

Jésus leur parle
"Paix aux hommes de bonne volonté...Paix et bénédictions sur leurs maisons, leurs femmes, leurs enfants. Que la grâce et la lumière de Dieu règnent dans vos maisons et dans les cœurs qui les habitent -

-Vous avez voulu m'entendre. Le mot parle. Il parle avec joie aux honnêtes, avec tristesse aux malhonnêtes, avec délice aux Saints et purs, avec miséricorde aux pécheurs. Cela ne se retient pas, mais s'est étalé comme une rivière qui coule pour irriguer les terres qui ont besoin d'eau, les rafraichissant et les fertilisant en même temps avec de l'humus.

-Vous voulez savoir ce qui est nécessaire pour devenir disciples de la parole de Dieu, du Messie, du verbe du père, qui est venu pour rassembler Israël, qu'il puisse entendre une fois de plus les paroles du Décalogue sacré et immuable et puisse être sanctifié par eux et ainsi être purifié à l'heure de la rédemption et du Royaume, aussi loin que l'homme peut être purifié par lui-même.

-Maintenant, je dis aux sourds, aveugles, muets, lépreux, paralytiques, morts: "montez, vous êtes guéris, levez-vous, marchez, puissent les rivières de la lumière, des mots, des sons être ouverts pour vous, que vous puissiez me voir et m'entendre et parler de moi. '...Mais plutôt qu'à votre corps, je m'adresse à votre âme. Les hommes de bonne volonté, venez à moi sans crainte. Si vos âmes sont blessées, je vais les guérir, si elles sont malades, je vais les guérir, si elles sont mortes, je vais les ressusciter. Tout ce que je veux est votre bonne volonté.

-Est ce que ce que je demande est difficile ? Non ce ne l'est pas. Je ne vous impose pas les centaines de préceptes des rabbins. Je vous le dis : suivez le "décalogue". La Loi est unique et immuable. Plusieurs siècles se sont écoulés depuis elle a été donnée ; belle, pure, fraîche comme une créature nouvelle-née, comme une rose qui vient de s'ouvrir sur sa tige. Simple, soigné, facile à suivre...Mais au fil des siècles, les fautes et tendances l'ont compliqué avec de nombreuses lois mineures, des charges et des restrictions et de trop nombreuses clauses douloureuses...Je vous transmets la Loi, une fois de plus, comme le très haut la donna et dans votre propre intérêt, je vous demande de l'accepter avec un cœur sincère, comme les vrais Israélites d'antan.

-Vous grognez, plus dans vos cœurs qu'avec vos lèvres, blâmant les classes supérieures au lieu des gens humbles. Je sais. Le Deutéronome précise ce qui doit être fait ; rien d'autre n'était nécessaire. Mais ne jugez pas ceux qui ont agi pour d'autres personnes, pas pour eux-mêmes. Faire ce que Dieu ordonne et par-dessus tout, s'efforcer d'être parfait dans deux principaux préceptes : Si vous aimez Dieu avec toute votre âme, vous ne pécherez pas parce que le péché donne de douleur à Dieu. Qui aime ne veut pas donner la douleur... Si vous aimez votre prochain comme vous vous aimez vous-mêmes, vous serez des enfants respectueux de vos parents, des époux fidèle à vos épouses, des commerçants honnêtes dans votre métier, sans violence contre vos ennemis, véridiques en témoignage, sans envie envers les gens riches, sans tendance pour les obscénités avec l'épouse d'un autre homme... et comme vous ne souhaitez pas faire aux autres ce que vous ne désirez pas que d'autres vous fassent, vous ne volerez pas, ne tuerez pas, ni ne calomnierez ou entrerez dans un autre nid comme les coucous.

-Non, je vous le dis: "transporter votre obéissance aux deux préceptes de l'amour de la perfection: aimez également vos ennemis.

- Le très-haut t'aimera tellement car il aime tellement l'homme. Même si l'homme est devenu son ennemi par le biais du péché originel et à cause de ses péchés personnels, il envoya le Rédempteur, l'agneau, qui est son fils, c'est moi, celui qui vous parle, le Messie promis de vous racheter de tous vos péchés, si vous allez apprendre à aimer comme il le fait.

-Amour. Votre amour peut devenir une échelle par laquelle, comme les anges, vous monterez au ciel, comme Jacob vit alors, quand vous entendez le père dire à tous et à tout le monde: "je serai votre protecteur partout où vous irez, et je vous ramènerai en ce lieu ; au ciel, le Royaume éternel. Que la paix soit avec vous. '

La foule profère des paroles d'approbation émotionnelle et lentement s'en va. Pierre, Andrew, Jacques, Jean, Philip et Bartholomew restent.

'Tu pars demain Maître? '

'Demain à l'aube, si cela ne vous dérange pas. '

"Je suis désolé que vous partiez, mais l'heure ne me dérange pas, bien au contraire, ça m'arrange. '

'Est-ce que vous êtes allez pêcher? '

'Oui, ce soir, quand la lune se lève. '

'Vous avez bien, Simon, ne pas de pêche hier soir. Le Sabbat n'était pas encore fini. Néhémie * dans sa réforme, veut que le Sabbat soit respecté en Judée. Encore aujourd'hui, trop de gens travaillent le jour du Sabbat : dans des presses, à transporter le bois, du vin et des fruits, et à acheter et vendre des poissons et des agneaux. Vous avez six jours pour cela. Le Sabbat appartient à Dieu. Vous pouvez faire une seule chose, le jour du Sabbat : vous pouvez faire du bien à votre voisin. Mais tous les bénéfices doivent être exclus de cette aide ; **qui viole le Sabbat pour réaliser un bénéfice sera puni par Dieu.** ...Il fait un bénéfice, il le perdra pendant les six autres jours...Il ne fait aucun profit ? Il a fatigué son corps en vain car il n'a pas accordé le repos que l'enseignement lui prescrit, et ainsi, il a irrité son âme après avoir travaillé en vain, et cela va à jusqu'à le maudire...Le jour du Seigneur doit être passé avec vos cœurs unis à Dieu dans de douces prières d'amour. Vous devez être fidèle en tout. '

"Mais...Les scribes et les docteurs, qui sont si sévères avec nous... ne travaillent pas les jours de Sabbat, ils ne donnent pas même un morceau de pain à leurs voisins, afin d'éviter la fatigue de le donner mais ils pratiquent l'usure ** le jour du Sabbat. Comme ce n'est pas un travail matériel, est-il légal de pratiquer l'usure un jour de Sabbat? '

' Non. Jamais. Ni un jour de Sabbat, ni un autre jour. Qui pratique l'usure est malhonnête et cruel. '

'Les Scribes et les pharisiens alors... '

'Simon : ne jugez pas. Ne le faites pas. '

'Mais j'ai des yeux pour voir... '

* Néhémie est la figure centrale dans le livre de Néhémie qui décrit son travail dans la reconstruction de Jérusalem et la purification de la communauté juive.

** La pratique de prêt d'argent à des taux d'intérêt déraisonnablement élevés.

«Voyez-vous seulement le mal, Simon? '

'Non, maître. '

'Eh bien, pourquoi regarder les mauvaises actions? '

'Vous êtes bon maître. '

'Eh bien, demain matin à l'aube, je partirai avec Jean. '

'Maître... '

'Oui, Simon, qu'y a-t-il? '

'Maître, allez-vous à Jérusalem? '

'Vous savez que oui. '

'Je vais aussi y aller à Pâque,... Andrew et Jacques aussi. '

'Eh bien ? ...Voulez-vous dire que vous voulez venir avec moi?...Et votre pêche?...Et votre bénéfice?...Vous m'avez dit que vous aimiez avoir de l'argent, et je serai absent pendant plusieurs jours ; Je vais chez ma mère d'abord. Et je vais y aller aussi sur mon chemin du retour ; Je m'arrêterai là pour prêcher. Comment allez-vous gérer? '

Pierre est perplexe, indécis... puis il se décide. "Je pense que...Je vais venir. Je vous préfère à l'argent! "

'Je viens aussi. '

'Et moi aussi '

"Nous venons aussi, n'est-ce pas Philip ? Demande Bartholomew.

'Viens donc, tu m'aideras. '

' Oh ! ... ", S'exclame Pierre, encore plus excité à l'idée d'aider Jésus 'Comment allons-nous faire cela? '

'Je vais vous dire. Pour faire le bien, tout ce que vous devez faire est de faire ce que je vous ai dit. Qui obéit fait toujours bien. Nous prierons maintenant et puis chacun d'entre nous va aller et exercer ses fonctions. '

'Qu'allez-vous faire maître? '

"Je vais continuer à prier. Je suis la lumière du monde, mais je suis aussi le fils de l'homme. Prions... 'et Jésus récite le Psaume qui commence par "qui se repose sur l'aide du très-haut, vivra dans la protection du Dieu du ciel. Il dira au Seigneur: "Tu es mon protecteur et mon refuge. Il est mon Dieu, j'espère en lui. Il m'a sauvé des pièges de pêcheurs et des mots durs...'".

Judas Thaddeus A Bethsaïde Invite Jésus Aux Noces De Cana

Le souper est maintenant terminé et Jésus, Jean, Jacques, Pierre et sa femme sont tous assis dans la cuisine de Pierre à parler, et Jésus s'intéresse à la pêche, quand Andrews arrive avec des nouveaux visiteurs :
'Maître, il y a l'homme chez qui vous vivez, avec un autre homme qui dit être votre cousin. '

Jésus se lève et se dirige vers la porte 'laissez-les entrer, dit-il. Et quand il voit Judas Thaddeus dans la lumière émanant de la lampe à huile et de la cheminée, il s'exclame 'Toi, Judas?! '

'Oui, Jésus. ' Ils s'embrassent mutuellement.
Judas Thaddeus est un bel homme viril dans la plénitude de sa virilité, grand, bien que pas tout à fait aussi grand que Jésus, bien construit et solide, d'un

teint brun foncé comme celui de Joseph, le père adoptif de Jésus, quand il était jeune. Ses yeux sont assez semblables à ceux de Jésus parce qu'ils sont bleus mais tirent sur le pervenche, sa barbe brune est coupée au carré et ses cheveux ondulés sont de la même teinte que sa barbe.

"Je suis venu de Capharnaüm, j'y suis allé en bateau et je suis venu ici en bateau pour gagner du temps. Ta mère m'envoie; Elle dit: "Susanna se marie demain, s'il vous plaît venez à la noce.' Marie sera là et aussi ma mère et mes frères...Tous les parents ont été invités. Vous seriez le seul absent, et ils te demandent de venir et de rendre le jeune couple heureux.'

Jésus s'incline, étirant légèrement son bras et dit : un souhait de ma mère est une loi pour moi. Mais j'y reviendrai aussi pour Susanna et l'amour de nos proches. Seulement...Je suis désolé pour vous... "et il regarde Pierre et les autres. 'Ce sont mes amis... ' Il explique à son cousin et puis les présente, en commençant par Pierre et à la fin, il dit '...Et c'est Jean..' avec une expression particulière qui fait regarder Judas Thaddeus plus attentivement Jean tandis que le disciple bien-aimé rougit. Il présente ensuite, à ses amis, Judas Thaddeus en disant : 'Mes amis, c'est Judas, fils d'Alphée, mon cousin selon la coutume du monde parce qu'il est le fils du frère de l'époux de ma mère...Un très bon ami à moi et un compagnon tant dans la vie et que le travail.'

"Ma maison vous est ouverte comme elle l'est au maître. Asseyez-vous. "et puis s'adressant à Jésus,

Pierre demande ' alors ? Ne venons-nous plus à Jérusalem avec vous? "

"Bien sûr, vous viendrez. Je vais y aller après la fête de mariage. La seule différence est que je ne m'arrêterai pas longtemps à Nazareth. '

'Tout à fait juste Jésus, parce que votre mère est mon invitée pour quelques jours... ', dit l'homme de Capharnaüm. '...C'est ce que l'on veut faire. Elle restera aussi avec moi après le mariage. '

'C'est ce que nous ferons. Je vais aller au bateau de Judas maintenant, à Tibériade et, de là à Cana. Puis, avec le même bateau, je vais revenir à Capharnaüm avec ma mère et avec vous...Vous arriverez le jour après le Sabbat suivant, Simon... Si vous souhaitez toujours venir... Et nous irons à Jérusalem pour Pâque. '

"Bien sûr, je veux venir ! Non, je viendrai vous entendre à la synagogue le jour du Sabbat. '

«Enseignez-vous déjà, Jésus? ' demande Thaddeus.

'Oui, mon cousin. '

'Et vous devriez entendre ses paroles! ' Ah ! Personne ne parle comme lui! '

Judas soupire. Avec sa tête appuyée sur sa main, son coude sur son genou, il regarde Jésus et soupire. Il semble soucieux de prendre la parole, mais n'ose pas.

'Qu'y a-t-il Judas? ' dit Jésus en

l'encourageant. 'Pourquoi me regardez-vous et soupirez? '

'Rien '

' Non. Il doit y avoir quelque chose. Je ne suis plus le Jésus que vous adoriez?...Pour lequel vous n'aviez pas de secrets? '

"Bien sûr que vous l'êtes ! Et comme je m'ennuie de vous, vous le maître de votre cousin plus âgé... '

'Eh bien alors, parlez. '

'Je tenais à vous dire...Jésus... Soyez prudent...Vous avez une mère...Elle n'a que vous...Vous voulez être un 'rabbin ' différent des autres et vous le savez, mieux que moi, que... que les classes puissantes ne permettent rien qui puisse être différent des los coutumières qu'ils ont fixées. Je sais que votre façon de penser...est Sainte... mais le monde n'est pas Saint... et il opprime les saints...Jésus...Vous connaissez le sort de votre cousin Baptiste... il est en prison, et si il n'est pas encore mort, c'est que ce mauvais tétrarque a peur de la foule et de la colère de Dieu. Aussi mauvais et superstitieux qu'il est cruel et lubrique...Vous... qu'allez-vous faire ? À quel destin allez-vous vous exposer ? '

'Judas, vous êtes si familier avec ma façon de penser, et c'est ce que vous Me demandez?...Vous parlez de votre propre initiative ? Non, ne mentez pas ! Vous avez été envoyé, certainement pas par ma mère, pour Me dire de telles choses... '

Judas abaisse sa tête et se tait.

'Parlez, cousin. '

'Mon père... et Joseph et Simon avec lui...Vous savez, pour vous, parce qu'ils vous adorent, Marie et vous... ne voient pas favorablement ce que vous avez l'intention de faire...et...ils voudraient que vous pensiez à votre mère... "

'Et que pensez-vous? '

'Je...Je...'

' Vous êtes tiré dans des directions opposées par les voix venant d'en haut et celles provenant du monde. Je ne dis pas d'en bas...Je dis du monde. La même chose s'applique à Jacques... plus encore. Mais je vous dis que, au-dessus du monde, il y a le ciel... et haut-dessus des intérêts du monde, il y a la cause de Dieu. Vous devez changer votre façon de penser. Lorsque vous apprendrez à faire cela, vous serez parfait. '

'Mais... et votre mère? '

'Judas, elle est la seule personne qui, selon le mode de pensée du monde, devraient avoir le droit de Me rappeler à mon devoir en tant que fils : il est de mon devoir de travailler pour elle et de prévoir à ses besoins matériels... de mon devoir de l'aider et la consoler avec ma présence. Mais elle ne demande aucune de ces choses...Depuis elle m'a eu, elle sait qu'elle me perdra, pour Me retrouver une fois de plus dans une façon beaucoup plus large que le cercle

restreint de la famille...Et depuis lors, elle s'est préparée pour cela...
...Son don volontaire sans réserve d'elle-même à Dieu n'est pas nouveau. Sa mère l'a offert au Temple avant même qu'elle ne sourît à la vie...Et - comme elle m'a dit le nombre incalculable de fois où elle Me parlait de sa Sainte enfance, Me tenant près de son cœur pendant les longues soirées d'hiver ou au cours des nuits claires et étoilées d'été –elle s'est donnée elle-même à Dieu depuis l'aube de sa vie dans ce monde... Et elle s'est donnée encore plus quand elle m'a eu, qu'elle puisse être là où je suis, s'acquittant de la Mission que Dieu m'a donnée...Tout le monde va m'abandonner à un moment donné, peut-être seulement pendant quelques minutes, mais tout le monde sera surmonté par la lâcheté, et vous penserez qu'il aurait été préférable, pour votre propre sécurité, que vous ne m'ayez jamais connu...Mais elle... Qui comprend et sait...Elle sera toujours avec moi...
...Et vous deviendrez mien une fois de plus, à travers elle. Avec la puissance de sa foi inébranlable, aimante, elle vous appellera à elle-même et ainsi vous amènera à moi, parce que je suis dans ma mère et elle est en moi, et nous sommes en Dieu...
...Je tiens à ce que vous compreniez que, à la fois vous êtes mes proches selon le monde et vous, mes amis et enfants d'une manière surnaturelle. Ni vous ni personne d'autre ne sait qui est ma mère. Mais si vous saviez, vous ne la critiqueriez pas dans vos cœurs, affirmant qu'elle n'est pas capable de Me garder son sujet, mais vous la vénérerez comme l'amie la plus proche de Dieu, la femme puissante qui peut obtenir toutes les grâces du cœur du Père éternel et de son fils bien-aimé...Je vais certainement venir à Cana. Je veux lui faire plaisir...

...Vous comprendrez mieux après le mariage. ' Jésus est majestueux et persuasif.

Judas regarde Jésus, réfléchi et dit ensuite ' et je vais certainement venir avec vous, avec ces amis, si vous voulez de moi... parce que je sens que ce que vous dites est juste. Pardonnez ma cécité et mes frères. Vous êtes tellement plus saint que nous le sommes! "

"Je ne n'ai aucune rancune contre ceux qui ne me connaissent pas...Je suis également sans sensation de malaise vis-à-vis de ceux qui me haïssent...Mais je suis désolé pour eux en raison du préjudice qu'ils se font eux-mêmes. Qu'est-ce que vous avez dans cette sacoche?'

' La tunique votre mère vous a envoyé. C'est une grande fête demain. Elle pense que son Jésus en aura besoin afin qu'il ne paraisse pas déplacé parmi tous les invités. Elle a travaillé dès le matin jusqu'à tard dans la nuit tous les jours, pour qu'elle soit prête pour vous. Mais elle n'a pas terminé le manteau ; Ses franges ne sont pas encore prêtes, et elle est vraiment désolée à ce sujet. '

"Ça ne fait rien. Je vais porter celle-ci, et je vais garder celle-là pour Jérusalem. Le Temple est beaucoup plus important qu'un festin de noces. '

'Elle sera tellement heureuse. '

"Si vous voulez être sur la route de Cana, à l'aube, vous devriez partir immédiatement. La lune se lève et il sera une traversée agréable " dit Pierre.

"Nous devons y aller, alors. Viens, Jean. Je t'emmène avec moi. Au revoir, Simon Pierre, Jacques, Andrew. Je vous verrai à la veille du Sabbat à Capharnaüm. Au revoir, femme. Que la paix soit avec vous et votre maison. '

Jésus sort avec Judas et Jean. Pierre va avec eux jusqu'au lac et les aide à larguer les amarres.

FIN

Si vous avez apprécié ce livre, s'il vous plaît soumettre une critique. Nous apprécions vos commentaires Merci!

Extraits des Sequel

Là où il y a des épines, il y aura aussi des Roses

....

Jésus entre dans le Temple accompagné par Ses six disciples : Pierre, André, Jean, Jacques, Philippe et Bartholomée, où il y a déjà une foule importante réunies à l'intérieur et également à l'extérieur du complexe du Temple. En fait, en regardant en bas de la colline depuis le haut où est érigé le Temple, les rues étroites de Jérusalem sont grouillantes de pèlerins qui arrivent par groupes de tous les côtés de la ville, de telle sorte que les rues ressemblent à un ruban multicolore qui se déploient entre les maisons blanches et la ville entière est complètement transformée en un jouet rare de rubans de couleurs vives convergent vers les dômes brillants de la Maison du Seigneur.

Mais à l'intérieur du complexe, il s'agit... d'un vrai marché. La sérénité de l'espace sacré a été détruit par des personnes qui courent, d'autres qui appellent, d'autres encore qui négocient des agneaux, qui crient et qui jurent à cause des prix trop élevés, les animaux qui bêlent en étant conduit dans les enclos- des séparations spartiates faites de corde et de crochets érigés par des marchands installés à l'entrée pour marchander avec les acheteurs.

Il y a des éclats de bêlement, jurons, cris, insultes aux servants pas suffisamment alertes pour rassembler ou sélectionner les animaux, violences aux clients qui marchandent les prix ou qui se dégagent d'un achat et des menaces plus graves à ceux qui sagement ont apportés leurs propres agneaux.

Il y a plus de cris du côté des bancs des changeurs d'argent où le taux légal de change est ignoré, et à la place, sans qu'il n'y ait des taux fixe, les changeurs d'argents se sont transformés en requins-prêteurs, imposants des taux exorbitants pour faire grimper leurs profits selon leurs désirs et ils ne rigolent pas avec leurs échangent ! L'homme le plus pauvre ou celui qui vient du plus loin sont ceux qui sont les plus arnaqués : le vieux pire que le jeune et ceux qui ne viennent pas de Palestine pire que le vieux peuple.

Et il est clair que ça a toujours été la tradition à la période de Pâques que le Temple devienne... une Bourse ou un marché noir.

Un homme vieux et pauvre regarde sombrement encore et encore à l'argent qu'il a économisé toute l'année avec beaucoup de travail et d'efforts. Il le sort et le remet dans sa bourse des douzaines et douzaines de fois. Il va d'un changeur d'argent à un autre et de temps en temps, à la fin, retourne au premier, qui maintenant se venge en augmentant sa commission. Et les grandes pièces passent des poings du propriétaire triste aux griffes des requins qui les changent en plus petites pièces.

Ensuite le pauvre vieil homme se déplace vers une autre tragédie avec les marchands d'agneaux pour le choix et le prix des bêtes. Et si, come il arrive de temps en temps, le pauvre vieil homme qui est aussi à moitié aveugle se retrouve avec l'agneau le plus petit et misérable.

Un vieux couple – mari et femme- amène un pauvre petit agneau qui a été rejeté par ceux qui procèdent aux sacrifices car jugé déficient. Le vieux couple pleure et prie le marchand d'agneau, qui n'est pas du tout ému et répond énervé avec des mots crus et impolis :

« Si l'on considère ce que vous avez dépensé, Galiléens, l'agneau que je vous ai donné est déjà trop bien. Allez vous en ! Si vous en voulez un meilleur, vous devrez payer cinq pièces de plus. »

« Au nom de Dieu ! Nous sommes pauvres et vieux ! Est ce que vous allez nous empêcher de fêter ce Pâques qui pourrait bien être notre dernier ? N'êtes vous pas satisfaits de ce que vous avez eu pour ce pauvre petit agneau ? »

« Allez vous en misérables. Joseph l'Ancien est en train d'arriver ici. Je me réjouis de son opinion. Que Dieu soit avec toi Joseph ! Viens et fais ton choix ! »

Joseph l'Ancien, également connu comme Joseph d'Arimathie, passe par là, droit et fier, richement vêtu, et sans même un regard pour les pauvres gens pleurant à l'entrée des enclos. Il entre dans l'enclos, choisi un agneau superbe et bouscule presque le vieux couple alors qu'il ressort avec son gros agneau qui bêle.

Jésus est maintenant dans les environs, Il a aussi fait Son achat, et Pierre qui a marchandé pour Lui et en train de tirer un plutôt bel agneau. Pierre voudrait aller tout de suite à l'endroit où les sacrifices sont faits mais Jésus tourne vers la droite vers le couple qui se lamente et pleure, assommés par la foule et les insultes du marchand.

Jésus qui est si grand que les têtes des pauvres âmes atteignent Son cœur, Il pose une main sur l'épaule de la femme et lui demande :

« Pourquoi pleurez vous, femme ? »

La petite vieille femme de tourne et voit se jeune et grand homme dans une superbe tunique blanche et une cape assortie blanche comme neige. Elle Le confond pour un docteur à cause de Son habit et Son aspect et sa surprise est encore plus grande car ni les docteurs ni les prêtres ne prêtent attention aux pauvres ni ne les protègent contre les excès des marchands. Elle explique à Jésus la raison de ses larmes.

« Change cet agneau pour ces croyants. Ce n'est pas digne de l'autel, il n'est pas juste non plus de profiter de deux vieilles personnes simplement parce qu'elles sont faibles et sans défenses » dit Jésus au marchand d'agneau.

« Et qui es tu ? »

« Un homme juste »

« Par Ta manière de parler et Tes companions, je sais que Tu es un Galiléen. Existe-t-il un homme juste en Galilée ? »

« Fais ce que je t'ai dit, et soit un homme juste toi même. »

« Ecoutez ! Ecoutez le Galiléen qui défend Ses égaux !
Et Il veut nous enseigner les lois du Temple ! »
L'homme se moque et rit, imitant l'accent galiléen qui
est plus musical et doux que celui de Judée.

Beaucoup se rapprochent d'eux et d'autres
marchands et changeurs d'argents s'allient aux côtés
de leur ami marchand contre Jésus.

Parmi ces personnes se trouvent deux ou trois
rabbins moqueurs. L'un d'eux demande : « Es Tu un
docteur ? » de telle manière que même la patience de
Job serait ébranlée.

« Oui je le suis. »

« Qu'enseignes tu ? »

« Voici ce que j'enseigne : faire que la Maison de Dieu
soit un espace de prière et non un marché. Voilà ce
que j'enseigne. »

Jésus est formidable. Il a l'air d'un archange à la
porte de l'Eden et même sans épée flamboyante dans
Sa main, la lueur dans Ses yeux frappe les moqueurs
comme un éclair. Jésus n'a rien dans Ses mains. Tout
ce qu'Il a est Sa colère. Et plein de colère, Il marche
vite et solennellement entre les bancs des changeurs
d'argent. Il renverse les pièces qui ont été si
consciencieusement rangées par valeur. Il retourne
les bancs et tables en jetant tout par terre dans un
bruit assourdissant. Malgré le bruit du métal et du
bois sur le sol, les cris enragés et de terreur, des

exclamations d'approbation émergent au milieu. Mais Jésus n'a pas tout à fait terminé.

Il arrache les cordes qui retiennent les bœufs, moutons et agneaux des mains des garçons d'écuries et s'en sert pour fabriquer un fouet très dur avec un nœud coulissant qui est un vrai fléau. Puis Il lève le fouet et le lance sans merci. Oui...sans merci.

L'orage imprévu frappe têtes et dos. Les croyants se déplacent d'un côté et observent la scène ; les coupables sont chasés vers le mur extérieur, laissant leur argent au sol et abandonnant leurs animaux dans une grande confusion de pattes, cornes et ailes, dont certains, confus, courent et s'envolent. Le souffle des bœufs, le bêlement des moutons et les battements d'ailes des colombes et des pigeons s'ajoute aux rires et aux cris des croyants qui se moquent des requins-marchands qui s'enfuient ; et couvre même les bruits plaintifs des agneaux qui sont sacrifiés dans le champ d'à côté.

Prêtres, rabbins et Pharisiens se ruent vers l'endroit. Jésus est toujours au centre du champs, le fouet toujours entre Ses mains.

« Qui es Tu ? Comment oses Tu faire ça, aller contre les cérémonies ? De quelle école es Tu ? Nous ne Te connaissons pas, ni ne nous connaissons d'où Tu viens. »

« Je suis Celui qui est puissant. Je peux tout faire. Détruisez ce vrai Temple et Je vais le faire surgir dans la gloire de Dieu. Je ne suis pas en train de compromettre le sacré de la Maison de Dieu ni les cérémonies, mais vous les compromettez en acceptant que Sa Maison devienne le centre des requins-marchands et des arnaqueurs. Mon école est l'école de Dieu. La même école que tout Israël a eu quand le Dieu Eternel à parlé à Moïse. Vous ne me connaissez pas ? Vous allez me connaître. Vous ne savez pas d'où je viens ? Vous allez l'apprendre. »

Puis ignorant les prêtres, Jésus se tourne vers le peuple, debout et droit dans Sa tunique blanche, avec Sa cape ouverte et volant au vent derrière Son dos. Ses bras grands ouverts comme un orateur insistant sur la clé de son discours, Il dit, « Ecoutez, Israël ! En Deutéronome il est dit « Vous devez obéir aux juges et aux scribes de toutes les portes...et ils doivent administrer un jugement impartial au peuple. Vous devez être impartial ; vous ne devez pas accepter de chantages, car le chantage rend aveugle l'homme sage et compromet la cause du juste. La justice stricte doit être votre idéal, pour que vous puissiez vivre dans vos justes possessions de la terre que Yahvé votre Dieu vous a donné. »

« Ecoutez, Israël ! En Deutéronome il est dit « Les prêtres, les scribes et toute la tribu de Lévi ne devront pas avoir de partage ou d'héritage avec Israël car ils doivent vivre de la nourriture offerte à Yahvé et de Ses devoirs ; ils ne devront pas avoir d'héritages entre leurs frères car Yahvé est leur héritage. »

« Ecoutez, Israël ! En Deutéronome il est dit « Vous ne devez pas prêter intérêt à votre frère peu importe s'il vous manque de l'argent, de la nourriture ou tout autre chose. Vous pouvez demander un prêt avec intérêts à un étranger ; vous prêterez sans intérêt à votre frère peu importe ce dont il a besoin. »

Le Seigneur a dit cela. Mais vous voyez que maintenant en Israël des jugements sont rendus sans justice pour le pauvre. Ils ne sont pas justes, mais ils sont partiaux avec les riches ; et être pauvre ou du peuple commun signifie être oppressé. Comment les gens peuvent ils dire « Nos juges sont justes » quand ils voient que seuls les puissants sont respectés et satisfaits, alors que le pauvre n'aura personne pour l'écouter ? Est ce que celui qui inflige les commandements du Seigneur le respecte ? Pourquoi alors les prêtres d'Israël possèdent-ils des propriétés et acceptent des avantages des collecteurs d'impôts et des pécheurs, qui leurs font des offres afin d'obtenir des faveurs, alors qu'ils acceptent des cadeaux pour remplir leurs coffres ? Dieu est l'héritage de Ses prêtres. Lui, le Père d'Israël, est plus qu'un Père pour eux et Il leur procure leur nourriture, comme cela est juste. Mais pas plus que cela est juste et nécessaire. Il n'a pas promis argent et possessions à Ses servants du Sanctuaire. Dans la vie éternelle, ils possèderont le Paradis pour leur justice, comme Moïse, Elie, Jacob et Abraham, mais dans ce monde ils ne peuvent avoir d'autres choses que leur habit de lin et un diadème d'or incorruptible : pureté et charité, et leurs corps doivent être le sujet de leur âme, qui est elle même le sujet du vrai Dieu, et leurs corps ne seront pas les maitres au dessus de leur âme et contre Dieu.

On m'a demandé selon quelle autorité je fais cela. Et selon quelle autorité est ce qu'ils violent les commandements de Dieu et autorisent l'ombre sur les murs sacrés l'usure de leurs frères d'Israël, qui sont venus pour obéir aux divins commandements ? On m'a demandé de quelle école je venais et j'ai répondu « De l'école de Dieu » Oui, Israël, je viens de cette école et je vous ramènerait vers cette école sacrée et immuable.

Qui veut la Lumière, la Vérité, le Chemin, qui veut entendre une fois encore la voix de Dieu parlant à son peuple, laissez le venir à Moi. Vous suivez Moïse à travers le désert, Israël. Suivez Mois, car je saurai vous guider à travers des déserts bien pires jusqu'à la vraie Terre sacrée. Selon les commandements de Dieu, je vous amènerai vers ce but, à travers le vaste océan. Je vous guérirai de tous les péchés qui élèvent Mes Signes.

Le temps de la Grace est venu. Les Prophètes y étaient préparés et son morts en l'attendant. Les Prophètes ont professés et sont morts dans cet espoir. Ils en ont seulement rêvé et sont morts confrontés à ce rêve. C'est maintenant. Viens. « Le Seigneur est sur le point de juger Son peuple et d'avoir pitié de Ses servants, » comme il l'avait promis à Moïse.

Le peuple attroupé autour de Jésus est debout bouche bée en L'écoutant. Puis ils commentent les nouveaux mots du Rabbin et posent des questions à Ses compagnons. Jésus se dirige vers un autre champ, séparé du premier simplement par un porche et Ses amis Le suivent.

www.ingramcontent.com/pod-product-compliance
Lightning Source LLC
Chambersburg PA
CBHW070609050426
42450CB00011B/3023